Être prof, moi j'aime ça!

LES SAISONS D'UNE DÉMARCHE DE CROISSANCE PÉDAGOGIQUE

Lucie Arpin
Louise Capra

PRÉFACE: PIERRE ANGERS

Les Éditions de la Chenelière inc.
MONTRÉAL

Être prof, moi j'aime ça!
Lucie Arpin, Louise Capra

© 1994 Les Éditions de la Chenelière inc.

Révision linguistique: Marie Laporte
Correction d'épreuves: Claire Campeau
Conception graphique: Norman Lavoie
Infographisme: Norman Lavoie
Illustration de la couverture: inspirée de Betsy James

Données de catalogage avant publication (Canada)

Arpin, Lucie, 1942-

    Être prof, moi j'aime ça! : Les saisons d'une démarche de croissance pédagogique

    Comprend des réf. bibliogr.

    ISBN 2-89310-198-4

    1. Enseignement primaire. 2. Instituteurs (Enseignement primaire) - Québec (Province). 3. Apprentissage. 4. Pédagogie. 4. Enseignement primaire - pratique - Québec (Province). I. Capra, Louise. II. Titre.

LB1555.A76   1994   372.11' 02   C94-941505-7

Les Éditions de la Chenelière inc.
215, rue Jean-Talon Est
Montréal (Québec) H2R 1S9
Tél.: (514) 273-1066
Téléc.: (514) 276-0324

ISBN 2-89310-198-4

Dépôt légal: 4e trimestre 1994
Bibliothèque nationale du Québec
Bibliothèque nationale du Canada

Imprimé au Canada

1 2 3 4 5   98 97 96 95 94

Les dessins qui agrémentent l'ouvrage ont été réalisés par les élèves des écoles Maria-Goretti, Petit-Bois, Sainte-Anne-des-Îles et Saint-Gabriel de la commission scolaire de Sorel.

Dans les modèles de situations d'apprentissage, tous les prénoms des enfants sont fictifs.

Dans ce livre, le genre féminin est utilisé sans discrimination pour le sexe masculin.

L'Éditeur a fait tout ce qui était en son pouvoir pour retrouver les copyrights. On peut lui signaler tout renseignement menant à la correction d'erreurs ou d'omissions.

Remerciements

Nous tenons à remercier tous les enfants qui ont enrichi ce livre de leurs travaux et de leurs dessins. Nous soulignons également le soutien des administrateurs de notre commission scolaire dans nos efforts d'innovation pédagogique ainsi que le grand respect de nos collègues enseignantes et enseignants à l'égard de notre cheminement.

Nous sommes reconnaissantes aux enseignantes et enseignants ainsi qu'aux professionnelles et professionnels de la commission scolaire Provençal avec qui Louise Capra a pu explorer en profondeur une démarche de croissance pédagogique à l'intérieur d'un projet de «ressourcement participatif» conçu et mis en œuvre par Pauline Danis. Cette démarche a aussi permis à des enseignantes et enseignants de la commission scolaire de Sorel, de Tracy et de Saint-Hyacinthe de cheminer dans leur pédagogie. Nous n'oublions pas les enseignantes et enseignants inscrits au programme de maîtrise en enseignement de l'Université de Sherbrooke qui nous ont permis de nourrir notre réflexion et de croire en ce projet d'écriture. Ils sont de la commission scolaire de Sherbrooke et de la commission scolaire de L'Eau-Vive, et certains d'entre eux se reconnaîtront probablement dans quelques photos qui agrémentent le présent livre.

Un merci tout spécial à France, Louise, Raymond, Marie-Claude et Ginette; à nos familles pour leur encouragement et leur soutien indéfectible.

Préface

L'enseignant est un médiateur entre l'élève et la culture. Il contribue à nouer les liens entre les élèves en formation et l'ensemble des connaissances et des valeurs qui marquent le style de vie d'une société. Guide éclairé et compréhensif, il s'intéresse tout à la fois aux possibilités des élèves, aux contenus culturels des disciplines et aux processus des opérations intelligentes et rationnelles qui conduisent à la découverte des savoirs et à leur utilisation. À cet égard, on ne saurait surestimer le rôle capital que l'enseignant remplit dans la société.

En plus, enseigner peut devenir un métier passionnant pour qui l'exerce dans sa plénitude. Qu'on en juge par l'exposé qu'en présentent Louise Capra et Lucie Arpin dans le présent ouvrage. Ces deux enseignantes chevronnées aiment leur profession. Instruites par une longue expérience et par une réflexion continue sur leur expérience, elles s'entendent à manier tous les secrets d'un art qu'elles exercent avec amour et créativité, avec tact et discrétion.

Les deux enseignantes, habituées depuis longtemps à échanger entre elles leurs expériences et leurs projets, décrivent et analysent sous nos yeux leur pratique. Elles s'interrogent sur leurs attitudes et leurs comportements auprès des élèves, sur le choix des valeurs qu'elles veulent privilégier, sur l'emploi de méthodes et de procédés appropriés à ces valeurs. Elles réfléchissent tout haut sur le sens et la portée de leurs interventions et sur les réactions qu'elles provoquent chez les élèves. Leurs propos se tiennent toujours au plus près de l'action, au ras du vécu quotidien, celui du groupe et celui de chaque élève, révélant à la fois l'extrême variété et richesse du vécu ainsi que la capacité d'en saisir le sens et de le mettre à profit.

Les aspects les plus signifiants de la vie de la classe, de l'apprentissage et de la pédagogie se déroulent tour à tour, chacun étant examiné selon sa valeur de formation: l'approche pédagogique de l'enseignante, la connaissance approfondie des matières des programmes, l'appropriation personnelle des processus d'apprentissage, l'emploi de l'évaluation conçue comme moyen d'affirmer les connaissances et les habiletés qu'on acquiert.

L'ouvrage réserve au lecteur d'agréables surprises. Il y découvre la richesse et la fécondité de l'activité éducative lorsqu'elle est fermement centrée sur la compréhension intelligente des matières et qu'elle mobilise à cette fin toutes les capacités intellectuelles et morales des élèves. Tout en soutenant la façon d'apprendre de chaque élève et tout en laissant la part d'initiative la plus large possible, l'enseignant tient toujours en mains la direction de la classe. Il ne quitte en rien la rigueur ni la constance dans l'effort. Et, conséquence étonnante, dans un tel contexte le maître est toujours en situation d'apprendre. L'activité spontanée des élèves rejaillit sur lui et l'oblige à relever des défis, à demeurer disponible et inventif et à se renouveler sans cesse.

Cette manière d'engager les enfants dans la vie de classe peut prendre la tournure d'un projet collectif où les élèves s'entraident, collaborent entre eux et avec le maître et où ils partagent leurs recherches et leurs découvertes.

La classe tout entière devient un milieu stimulant qui est source de formation intellectuelle grâce à l'esprit de recherche, à la créativité et au sens critique qu'elle suscite et une source de formation morale grâce à la vie sociale qu'elle favorise entre les élèves; une vie faite d'amitié et de responsabilité qui développe l'autonomie personnelle et le sens de la solidarité.

On souhaiterait que paraissent sur le même sujet plusieurs ouvrages écrits par des enseignants. Nous avons besoin de nombreuses études portant sur la manière concrète d'exercer l'enseignement au jour le jour dans la classe. Puisse ce livre inspirer ceux qui exercent le beau et grand métier d'enseigner.

Pierre Angers
SAINT-DAVID D'YAMASKA
AOÛT 1994

Table des matières

Avant-propos

Louise Capra et Lucie Arpin sont deux enseignantes qui se sont rencontrées dans une école primaire de la commission scolaire de Sorel, il y a une vingtaine d'années. Depuis ce temps, elles approfondissent ensemble une démarche d'appropriation de leur pédagogie.

Louise, qui venait de faire le saut du préscolaire au primaire, préconisait un fonctionnement plus ouvert pour les enfants du primaire. Elle a d'abord agi intuitivement, mais par la suite elle s'est interrogée sur ses expérimentations. Lucie, pour sa part, évoluait de façon plus traditionnelle. Graduellement, elle s'est intéressée à ce fonctionnement plus ouvert et a commencé à se poser des questions sur l'organisation de la vie de classe. Ainsi, la pratique de l'une et la réflexion de l'autre ont mené les deux enseignantes à faire des liens entre la pratique et la théorie, entre la théorie et la pratique!

Petit à petit, elles ont construit leur pédagogie. Des changements sont alors survenus dans leur façon de voir les enfants, de les amener à s'engager dans leurs apprentissages, d'intervenir avec eux dans leur démarche pour apprendre. Ce cheminement leur a permis de grandir dans leur enseignement et dans leur vie personnelle.

Louise demeure toujours préoccupée par le développement de la personne. Elle travaille maintenant en adaptation scolaire comme orthopédagogue et enseigne en classe-ressource à des enfants en difficulté d'apprentissage en français et en mathématiques à la commission scolaire de Sorel. Elle œuvre aussi auprès des enseignantes de différentes commissions scolaires qui désirent cheminer dans leur pratique éducative pour s'approprier leur acte pédagogique à l'intérieur d'une démarche de ressourcement participatif professionnel.

Lucie, qui n'a cessé d'apprendre au contact des jeunes de sa classe, participe à différents congrès comme animatrice dans les ateliers sur l'engagement de l'enfant dans la vie en classe. Enseignante à la commission scolaire de Sorel depuis vingt-cinq ans, elle aime accueillir des stagiaires à qui elle peut faire part de sa vaste expérience.

Introduction

Nous partageons notre passion de l'enseignement depuis plus de vingt ans. Nous aimons travailler avec les enfants et c'est avec eux que nous avons appris à remettre en question notre pratique pédagogique. Nous voulions comprendre davantage les enfants de nos classes. Par notre intervention, nous voulions qu'ils soient heureux d'apprendre et de comprendre. Nous cherchions ensemble des moyens pour les amener à s'engager et les rendre davantage responsables de leurs apprentissages. Nous avons partagé nos doutes et nos interrogations et c'est au rythme des saisons de notre expérience pédagogique que nous avons cherché et trouvé des réponses à nos questions.

Dans notre enseignement, il y a eu des **automnes**. Nous avons réfléchi pour mieux connaître nos valeurs, préciser notre conception de l'apprentissage et modifier notre pratique. Nous avons choisi d'entreprendre une démarche de croissance pédagogique avec l'aide des enfants de nos classes. C'est avec eux que nous avons expérimenté et analysé nos gestes quotidiens.

Il y a eu aussi des **hivers** où il n'était pas toujours facile d'expérimenter. Nous devions faire des liens et rechercher la cohérence entre nos intentions et nos actions. Nous avons partagé notre cheminement pour l'analyser et nous nous sommes interrogées sur nos interventions. Les programmes que nous trouvions chargés et les évaluations trop fréquentes nous faisaient parfois dévier de nos expérimentations. Nous n'étions pas suffisamment habiles à décoder les apprentissages dans les projets des enfants. C'était parfois difficile de poursuivre; il fallait nous encourager pour continuer de croire en l'enfant et en nous-mêmes.

Nous nous sommes donc approprié les programmes pour en comprendre la philosophie, la démarche d'apprentissage privilégiée et pour faire des liens entre les différents savoirs qu'ils contiennent. Les programmes devenaient pour nous des outils au service de l'apprentissage.

Il y a eu, bien sûr, des **printemps**. Nous avons prêté attention à nous-mêmes, pour connaître et comprendre notre manière d'apprendre et celle de l'enfant et pour guider adéquatement l'enfant dans sa démarche d'apprentissage.

Nous étions heureuses de faire des liens et d'être plus cohérentes dans nos interventions. L'enfant s'engageait de plus en plus dans ses apprentissages. Nos questions d'objectivation lui permettaient de construire ses connaissances. Il devenait responsable de sa manière d'apprendre et de comprendre. Notre intervention dans l'acte d'apprendre de l'enfant devenait peu à peu celle d'un maître.

Nous vivions de petits projets dans nos classes. Nous étions capables de décoder les apprentissages des enfants. Nous avons expérimenté avec eux le projet d'intégration[1], projet qui favorise le développement intégral de l'enfant.

---

1. Pierre ANGERS, Colette BOUCHARD, *La mise en œuvre du projet d'intégration*, Montréal, Bellarmin, coll. «L'activité éducative – Une théorie, une pratique», 1984.

Enfin, il y a eu des **étés**. Nous prenions plaisir à évaluer le chemin parcouru avec les enfants. Nous continuions d'apprendre ensemble grâce au projet d'intégration. L'évaluation nous permettait de faire le point sur nos progrès, nos acquisitions et nous aidait à planifier nos actions. L'évaluation prenait tout son sens; elle accompagnait l'enfant dans sa démarche d'apprentissage et le motivait à aller plus loin.

Ainsi nous avons appris avec l'aide des enfants et des enseignantes tout au long de ces années. Ils ont été nos plus grands maîtres.

Nous avons aussi rencontré sur notre chemin des penseurs et des praticiens qui nous ont aidées à cheminer dans l'appropriation de notre acte pédagogique; nous leurs sommes reconnaissantes.

Avec Carl Rogers, nous avons réfléchi sur le développement de la personne. Avec Claude Paquette, nous avons précisé nos valeurs, situé notre pédagogie, exploré différentes façons de vivre, des activités d'apprentissage et analysé notre cheminement pédagogique. Avec Pierre Angers, nous avons étudié les fondements de l'acte d'apprendre, nous avons réfléchi à l'appropriation de soi. Il a éclairé notre route tout au long de notre cheminement. Nous lui sommes grandement redevables pour son écoute attentive à nos «pourquoi». Avec Colette Bouchard, nous avons expérimenté la mise en œuvre du projet d'intégration dans nos classes. Avec Gérard Artaud, nous avons vécu la démarche méthodologique de la re-création d'un nouveau savoir.

*

* *

Dans ce livre, nous voulons partager avec vous notre démarche de réflexion et d'expérimentation avec les enfants pour nous approprier notre pédagogie. De notre expérience personnelle, nous proposons certaines pistes de cheminement qui seraient susceptibles d'aider et de guider les enseignantes qui désirent entreprendre progressivement une démarche de croissance pédagogique. Nous voulons aussi vous transmettre notre enthousiasme d'être prof, car nous croyons en l'enfant, nous croyons en l'enseignante, nous croyons à l'acte d'apprendre.

C'est au rythme des saisons que nous racontons les différentes étapes que nous avons vécues dans notre démarche de croissance pédagogique. En effet, il nous apparaissait important de marquer ces périodes de changement et de les illustrer par un arbre, tel un symbole de croissance; nous les avons appelées les saisons de notre vie de pédagogue. À chacune des saisons, il y a un temps pour la réflexion et un temps pour l'expérimentation avec les enfants.

Louise ouvre chaque saison en faisant part des questions et des réflexions qui ont accompagné le cheminement qu'elle a partagé avec Lucie. Elle présente également des outils de croissance pédagogique qui les ont aidées à cheminer tout comme elles aideront d'autres enseignantes à s'approprier leur acte pédagogique.

À la suite de la réflexion de Louise au fil des saisons, Lucie décrit le déroulement de sa vie en classe. Elle raconte comment elle a modifié sa pratique et adapté son intervention en regardant vivre les enfants. Elle propose également des feuilles de route et des travaux d'enfants qui aideront les enseignantes à entreprendre progressivement une démarche pédagogique axée sur l'enfant.

Vous vous interrogez peut-être sur votre pratique éducative. Vous vous regardez vivre dans votre classe. Quelles sont vos questions en cette saison d'AUTOMNE?

Qui suis-je comme pédagogue?

Qu'est-ce qui me satisfait dans mon enseignement?

Que sera cette nouvelle année?

Comment faire participer les enfants à la vie de la classe?

Quelles sont les valeurs qui m'animent?

Qu'est-ce que je veux changer dans ma pratique éducative de tous les jours?

Comment faire pour mieux connaître les besoins des enfants de ma classe?

Comment faire aimer l'école aux enfants?

Comment faire confiance à l'enfant?

Comment organiser des ateliers avec les enfants?

Comment aménager ma classe avec les enfants?

Comment planifier avec les enfants?

Notre cheminement d'automne

Dans ce premier chapitre, nous partageons avec vous les différentes étapes de notre réflexion pour vous faire connaître notre réalité péda-gogique. Nous ne voulions plus enseigner la même chose à tout le monde en même temps. Nos observations des enfants nous permettaient de cons-tater qu'ils étaient souvent passifs dans leurs apprentissages et qu'ils attendaient tout de nous. Nous étions cependant persuadées que l'enfant devait s'engager dans sa démarche pour apprendre. Deux questions nous préoccupaient particulièrement.

- Comment pouvions-nous permettre à l'enfant d'être le principal respon-sable de ses apprentissages, tout en respectant son rythme?
- Comment pouvions-nous intervenir pour permettre à l'enfant de s'engager activement dans sa démarche d'apprentissage?

Nous avons partagé nos expériences et souvent discuté de notre pratique quotidienne, des craintes et des insécurités que cette démarche de ré-flexion entraînait. Nous avons observé les enfants pour les questionner sur leurs intérêts, sur leurs besoins et sur ce qu'ils désiraient apprendre. Nous avons planifié et évalué avec eux des activités d'apprentissage. Cette ré-flexion nous a conduites à privilégier dans notre fonctionnement en classe des valeurs d'autonomie, de partage, de coopération, de créativité et de respect de l'autre.

Nous nous sommes orientées vers une conception de l'apprentissage qui rejoignait les valeurs que nous voulions vivre dans notre classe: la concep-tion organique de l'apprentissage. Cette conception exige que l'enfant s'engage et participe activement à son développement. Nous avons intégré cette conception de l'apprentissage à notre pratique. Les enfants ont pris de plus en plus de place dans l'organisation de la vie de la classe et notre pédagogie a commencé à se modifier.

L'automne fut pour nous un temps de réflexion, de décision et d'engage-ment dans notre démarche de croissance pédagogique. C'est au cours de l'automne que nous avons acquis plus de confiance en nous et plus de confiance en l'enfant. Nous vivions avec les enfants une saison harmo-nieuse et cela nous poussait à aller toujours plus loin dans notre démarche avec eux. Ils étaient heureux d'apprendre et nous nous sentions mieux dans notre classe.

Durant cette première saison, Louise partage sa démarche de réflexion qui lui a permis de mieux se connaître comme enseignante et présente les ou-tils qui l'ont aidée dans son cheminement. Lucie explique comment elle est arrivée à vivre une saison harmonieuse, en expérimentant et en faisant participer les enfants à l'organisation de la vie de sa classe.

L'automne de Louise

Un temps de réflexion, de décision et d'engagement

La réflexion et l'analyse de mon enseignement m'ont permis de modifier ma pratique éducative. Dans ma classe, j'enseigne avec ce que je crois, ce que je vis, ce que je suis.

Je veux connaître ma réalité pédagogique

Une nouvelle année commence pour moi. Après avoir enseigné au préscolaire et en 3e année, je me retrouve dans une nouvelle école, avec un groupe différent d'enseignantes. Je vais enseigner à des élèves de 4e année.

Durant les premiers jours de septembre, je regarde autour de moi: toutes s'affairent à préparer la 1re étape de l'année. Les enseignantes de la même année se rencontrent, s'échangent des travaux d'étape, photocopient des fiches d'exercices, préparent leur liste de matériel et planifient le programme de la 1re étape. Tout doit être prêt pour la rentrée des enfants. Chacune décore sa classe et indique le nom de chaque élève sur le pupitre qui lui est assigné.

Il n'en est pas de même pour moi. Je suis loin d'être rassurée. C'est la première fois que j'enseigne à des élèves de 4e année. Par quoi vais-je commencer? Je ne connais pas mes élèves. Je suis inquiète. Il me faut planifier ma 1re étape. Je regarde ma classe et les pupitres en rangées, et je réfléchis.

Au plus profond de moi, je désire rejoindre les enfants par mon enseignement et répondre à leur goût d'apprendre. J'aimerais les faire évoluer dans ce qu'ils apprennent. Je voudrais qu'ils aiment l'école et qu'en classe, ils posent des questions, qu'ils soient actifs et intéressés. Je ne veux pas tout leur dire, tout leur expliquer. Je ne veux pas être le seul modèle, la seule personne de référence. Ce n'est pas moi qui dois faire tout le chemin pour apprendre à la place de l'enfant. Quand je travaillais au préscolaire, j'ai pris conscience que l'enfant était capable de prendre des décisions, de planifier, de travailler en ateliers, pourquoi est-ce que cela devrait être si différent lorsqu'il arrive au primaire?

Je me questionne sur ma façon de travailler avec les enfants

- Est-ce que je dois tout préparer avant que les enfants arrivent pour une nouvelle année?
- Est-ce que je dois entièrement planifier mon étape en ce début de septembre?
- Est-ce que j'ai besoin de tous ces exercices préparés par les enseignantes?
- Est-ce que je dois aménager ma classe avant la rentrée?

Je me demande

- comment travailler avec des enfants différents dans leur manière d'apprendre, d'agir et d'être;
- comment vivre ensemble harmonieusement dans la classe;
- comment intervenir pour engager chaque enfant dans ses apprentissages;
- comment le motiver dans ses travaux scolaires;
- comment permettre à l'enfant d'être responsable de ce qu'il apprend.

Toutes ces questions sont au cœur de mon intervention pédagogique et me conduisent à chercher des réponses, car je sais que chaque enfant est différent et qu'il a sa façon à lui d'apprendre. J'entreprends ma démarche de réflexion, en me donnant le temps de bien me connaître comme enseignante et en déterminant ce que j'aime dans mon enseignement et ce que j'aimerais aussi y modifier.

J'évalue mes forces pédagogiques

Ce mois de septembre sera différent. J'aime enseigner. Je suis heureuse dans une classe avec des enfants. Je suis créative et, pour moi, c'est important que les enfants le soient aussi. J'aime être à l'écoute de leurs besoins et créer un climat harmonieux dans la classe pour que les enfants se sentent écoutés et respectés dans leurs différences. Mais je sais que je peux aller plus loin et je veux travailler à ce que mon enseignement ne se résume pas à répéter, au rythme des saisons, les mêmes gestes, à ouvrir les mêmes manuels, à répéter les mêmes instructions. Je trouve important de m'interroger sur mon intervention pédagogique et de me donner de nouvelles orientations. Je veux pouvoir mettre en pratique ce que j'ai appris de mon expérience avec les enfants du préscolaire, ce que j'ai lu et observé durant mes journées de perfectionnement à ma commission scolaire. Je veux donc trouver des moyens d'intervenir pour que les enfants s'engagent encore plus dans leurs apprentissages.

Je précise mes orientations pédagogiques futures

Il me suffirait d'oublier quelque peu les préparations routinières, les manuels bien programmés, les étapes scolaires bien structurées pour me regarder vivre avec les enfants dans ma classe et découvrir ainsi les paysages multiples qui peuvent surgir de ma réalité quotidienne. Ces observations me permettront de voir des paysages parfois connus, les mêmes que je regarde par habitude tous les jours: mon école, ma classe, les autres enseignantes, les enfants présents chaque jour devant moi. Il y aura aussi tous ces paysages nouveaux que je pourrai créer si je me donne le temps de les découvrir à l'intérieur de moi. Il me faut pour cela examiner ma pratique en me donnant le temps de me regarder en tant que pédagogue et en regardant comment les enfants apprennent. Je dois aussi me donner le temps de m'écouter et d'écouter les enfants pour nous apprécier les uns les autres dans ce que nous faisons de bien, dans ce que nous réussissons, dans ce que nous aimons de notre fonctionnnement de vie en classe.

Je sais que ma classe, en ce début d'année, ressemble à la toile de l'artiste. Nous allons ensemble prendre le temps de nous apprivoiser, de nous regarder vivre, afin de permettre aux couleurs des saisons du cœur, de l'esprit, de l'âme, de se fondre au rythme des mois, au rythme des projets que nous allons vivre ensemble cette année. Cette toile va se créer avec ce que je suis, avec ce que les enfants par leurs différences m'apporteront, avec ce que nous créerons ensemble.

Je trouve important, avant de m'engager dans ma démarche de croissance pédagogique, de faire le point sur ma pratique éducative actuelle. Pour m'aider à connaître cette réalité et pour préciser mes orientations pédagogiques futures, j'utilise un outil de réflexion que j'appelle: Où j'en suis. Je remplis cet outil en faisant référence à ma pratique de tous les jours dans ma classe avec les enfants. (*Voir l'outil n°1 à la page 6.*)

Où j'en suis

Je fais le point sur ma pratique pédagogique actuelle afin de donner une orientation à ma démarche de croissance pédagogique.

Ce que j'aime de mon enseignement.

- *J'aime enseigner, et je suis bien avec les enfants. Le climat de ma classe est harmonieux et les enfants peuvent s'exprimer sur l'organisation du vécu de la classe (horaire, causerie, résolution de conflits).*
- *J'ai de la facilité à entrer en communication avec les enfants.*
- *Je sais que l'enfant est créateur et j'aime lui donner la possibilité de l'être (périodes d'arts, activités libres).*
- *J'essaie de rendre les situations d'apprentissage intéressantes même si je ne réussis pas toujours.*
- *Je suis plus satisfaite de mon enseignement quand l'enfant a participé à sa démarche et qu'il est motivé, mais cela n'est pas toujours le cas.*
- *Je suis calme devant l'imprévu. Je suis curieuse, et je me questionne sur ce que je viens de vivre avec les enfants.*

Ce que j'aimerais modifier dans ma pratique.

- *Je prends beaucoup de place dans la planification et l'organisation des situations d'apprentissage. L'enfant ne s'engage pas assez. J'aimerais modifier mon intervention pour le rejoindre davantage.*
- *Les objectifs des programmes me préoccupent beaucoup. Je ne laisse pas suffisamment de temps à l'enfant pour consolider ses apprentissages.*
- *Je sais que l'enfant est créatif, mais j'hésite à faire appel à lui en dehors de l'organisation du vécu de la classe. Je voudrais qu'il participe aussi à la planification, au déroulement et à l'évaluation de ses apprentissages.*
- *J'enseigne souvent la même chose à tout le monde en même temps, sans savoir comment les rejoindre et comment respecter leur rythme d'apprentissage*

Je précise mes orientations pédagogiques futures.

- *Permettre à l'enfant de prendre plus de place dans la vie de la classe, dans l'organisation, le vécu et l'évaluation de ses apprentissages.*
- *Laisser aux enfants le temps d'apprendre.*
- *Adapter mon intervention aux différents rythmes d'apprentissage des enfants.*
- *Ne pas tout faire à la place de l'enfant, mais le faire avec lui.*
- *Me concentrer sur le «comment faire apprendre» au lieu de ne voir que le «quoi apprendre» aux enfants.*

Je reconnais mes peurs

Je m'engage donc dans ma démarche de croissance, à la lumière des nouvelles orientations pédagogiques que je me suis données. Je veux trouver des réponses et modifier ma pratique. Je suis consciente que cette démarche ne sera pas toujours facile. J'aurai à modifier certaines de mes actions et je me demande si je serai capable de le faire. J'ai parfois peur de ne pas réussir et je manque de confiance en moi. Je trouve important de reconnaître les peurs qui peuvent freiner ma démarche.

Il y a cette peur de manquer de temps à l'intérieur d'un horaire que je trouve déjà très rempli. Cela me fait souvent dire: «Je n'ai pas le temps d'explorer une autre manière de faire parce que je ne pourrai pas voir tout mon programme. Il y a aussi les examens à la fin de l'étape et je n'arriverai pas à faire mes bulletins.» L'évaluation prend parfois beaucoup de place dans mon enseignement.

Je suis aussi inquiète, car je veux que les enfants réussissent. Est-ce qu'ils auront le temps de voir tous les programmes prescrits pour leur année? J'ai peur aussi de me remettre en question, de ne plus être certaine, de me tromper, de ne pas tout savoir. Il est bien plus facile de continuer ma routine de tous les jours, de tout préparer à l'avance, de suivre les manuels. Je ne veux pas non plus que les autres profs de l'école m'isolent parce que je suis en démarche de réflexion et que cela peut se répercuter sur mon fonctionnement en classe. Certaines de mes actions seront différentes et je ne pourrai pas toujours suivre les préparations faites par le groupe d'enseignantes de la même année que moi. Je devrai donc leur expliquer ce qui se passe et leur manifester mon désir de continuer à travailler avec elles pour partager mes expériences et mon cheminement.

Il y a aussi les parents à qui je devrai expliquer ma démarche et ma façon de travailler avec les enfants. Est-ce que je saurai les convaincre? Est-ce qu'ils comprendront que mon travail sera différent de celui des autres classes de la même année? Partageront-ils les valeurs que je veux vivre avec leurs enfants?

Pour surmonter ces peurs, je dois me rappeler que m'interroger sur ma pratique ne signifie pas tout recommencer et repartir à zéro. Je vais m'appuyer sur mon expérience passée, car elle est riche de savoir-faire pédagogique, et cheminer avec confiance vers une pratique pédagogique qui m'apportera plus de satisfaction. Je sais que je n'ai pas à copier un modèle pédagogique qui ne se greffe pas à ma réalité. J'ai à créer mon propre modèle et à me reconnaître dans ce que je suis et dans ce que je fais. C'est pourquoi je trouve important de me donner des moyens pour m'aider à cheminer.

Je me donne des moyens pour m'aider à cheminer

Mon journal de bord

Mon journal de bord devient l'outil privilégié de ma réflexion. Chaque jour, j'y raconte un fait pédagogique vécu dans ma classe. J'y inscris aussi les réflexions des enfants, mon questionnement sur différentes situations d'apprentissage, mes satisfactions, mes réussites, mes essais et mes découvertes. Cela me permet de conserver et d'analyser les faits pédagogiques de mon vécu en classe. Pour m'aider à réfléchir et pour me permettre de réajuster mon intervention, je me donne certaines pistes d'analyse. Je peux donc me relire et consolider par la suite ce que je veux conserver de mon intervention.

Je me pose les questions suivantes:

- Dans cette activité, est-ce que l'enfant s'est engagé? Comment?
- Comment lui ai-je présenté l'objet d'apprentissage?
- Est-ce que je lui donnais les réponses ou est-ce que je le questionnais?
- Est-ce que l'environnement lui permettait de se questionner et de partager avec les autres amis de la classe?
- Est-ce que je lui ai donné le temps de manipuler, d'essayer, de recommencer, de se questionner pour comprendre?

Il ne m'est pas toujours possible de répondre à toutes ces questions, mais cela me permet de chercher dans l'action une façon cohérente d'intervenir et de réajuster ma façon de travailler avec les enfants. Je deviens ainsi plus attentive aux gestes pédagogiques que je pose.

Des plaisirs pédagogiques avec les enfants

Je m'accorde aussi, chaque semaine, une période de plaisir pédagogique avec les enfants. Ce temps est consacré à éliminer toutes les contraintes qui m'empêchent de vivre pédagogiquement: programmes, examens, exercices, etc. J'organise cette période avec les enfants. Je prends le temps de planifier cette activité avec eux, je les écoute et je les regarde vivre cette expérience.

Durant cette période, je questionne les enfants sur leur façon d'apprendre, sur leurs attentes en ce qui a trait à l'école, sur ce qu'ils attendent de moi, sur ce qu'ils aiment de l'école. Ils me communiquent leurs besoins, leurs goûts et je découvre leurs intérêts et les multiples talents qu'ils possèdent. Je ne me donne qu'un seul mandat, celui du plaisir d'être avec mon groupe et de regarder ce qui s'y passe.

Les enfants peuvent aussi apporter les jeux qu'ils aiment. Ils échangent, forment naturellement des équipes, s'expliquent les règles entre eux. J'en profite pour circuler d'une équipe à l'autre et pour poser des questions: «Pourquoi aimez-vous ce jeu? Qu'apprenez-vous ensemble en jouant à ce jeu?» À la fin de la période, je prends le temps d'évaluer avec eux ce que cette période d'activités libres leur a apporté. Ont-ils facilement vécu l'entraide, l'amitié, la bonne humeur, la joie d'être ensemble, l'acceptation des différences?

À un autre moment, je permets aux enfants d'apporter des collections d'objets qu'ils aiment, pour ensuite les présenter aux autres enfants de la classe. Je les écoute présenter leurs intérêts et je profite de ces expériences pour stimuler le goût de la recherche. Nous avons donc un endroit où chaque enfant expose sa collection et un tableau pour écrire les questions des autres enfants. Nous pouvons nous servir de certains manuels de référence pour compléter les informations.

Aussi il est facile d'organiser une dégustation avec les enfants. Je demande à chacun d'apporter un aliment qu'il aura préparé et qu'il partagera avec tous les enfants de la classe. Nous mettons la table, nous échangeons et nous parlons de ce que nous aimons. Durant ces périodes, chaque enfant peut aussi parler de lui, de sa famille, de ses loisirs et de ses intérêts. Il apporte des photos qu'il expose et raconte un fait qui l'a particulièrement touché durant ses vacances ou ses loisirs en famille.

J'apprends beaucoup des enfants durant ces périodes et les enfants apprennent aussi beaucoup de moi, dans un climat qui se veut plus familier et moins «scolaire».

Des causeries pédagogiques

Je trouve important de partager avec mes collègues mes réflexions pédagogiques. Ensemble, nous pouvons nous aider à cheminer. Il est facile de nous rencontrer à chaque étape pour planifier notre travail, mais cette planification peut avoir comme inconvénient d'obliger tout le monde à cheminer dans la même direction.

J'aime rencontrer des enseignantes qui réfléchissent aussi à leur pratique pour discuter de nos expériences et trouver de nombreuses pistes de réponses à nos «comment faire». Lucie et moi, nous nous rencontrons régulièrement et, avec l'aide de notre journal de bord, nous nous faisons part de notre vécu, nous nous racontons nos expériences et nous cherchons ensemble comment résoudre nos problèmes organisationnels et pédagogiques. Nous nous faisons confiance au lieu de nous isoler chacune dans notre classe. Ces rencontres alimentent ma réflexion et me donnent l'élan qui me permet de poursuivre ma démarche. Ces échanges enrichissants facilitent le respect des pratiques pédagogiques de chacune. Ils nous permettent, comme enseignantes, de nous sécuriser dans notre démarche de croissance pédagogique.

Je choisis les valeurs que je veux vivre avec les enfants dans ma classe

Dans ma classe, ma manière d'enseigner véhicule des valeurs dont je ne suis pas toujours consciente dans ma pratique quotidienne. Selon Claude Paquette, «une valeur est intimement liée à l'individu et à sa conduite. Elle est intérieure à l'individu et elle nomme ses gestes quotidiens. Elle traduit souvent ce qu'il y a de plus profond en lui[1].» La prise de conscience de mes valeurs est le pivot de ma démarche de croissance. C'est avec les valeurs que je juge les plus importantes que j'aurai à cheminer dans ma pratique, dans mon vécu quotidien.

Tout au long de mon cheminement, j'aurai à rechercher la cohérence entre les valeurs que je veux privilégier et leur traduction dans mes gestes pédagogiques. Ce que je dis se traduit par ce que je fais, ce que je fais reflète ce que je suis. Pour mieux saisir les valeurs que je veux privilégier dans ma classe, je me regarde vivre avec les enfants et je réfléchis aux questions suivantes.

Dans ma classe, est-ce que je vis des valeurs d'autonomie, d'initiative, de créativité ou des valeurs de soumission, de dépendance?

Je me questionne...

- Est-ce que je fais appel aux enfants dans l'organisation d'une journée de classe?
- Est-ce que les enfants participent à l'organisation et à l'aménagement de la classe?
- Est-ce que je crois les enfants capables de créer, d'inventer?
- Est-ce que je prépare tout le travail que les enfants auront à faire durant la journée?
- Est-ce que je corrige moi-même tout ce que les enfants réalisent comme travail?
- Est-ce que j'offre des choix aux enfants entre diverses activités?
- Est-ce que je permets aux enfants de se corriger, de s'évaluer?

1. Claude PAQUETTE. *Analyse de ses valeurs personnelles*, Montréal, Québec/Amérique, coll. «C. I. F. Auto-Développement», 1982, p. 22.

- Est-ce que je vérifie tout?
- Est-ce que j'encourage les idées nouvelles des enfants?
- Est-ce que je permets aux enfants de se tromper, de se corriger?
- Est-ce que l'horaire de la journée permet aux enfants de faire des choix?

Dans ma classe, est-ce que je vis des valeurs de responsabilité: «Je sais ce que j'ai à faire et je le fais», ou des valeurs de dépendance: «J'ai besoin que l'on me surveille»?

Je me questionne...

- Est-ce que les règlements de la classe sont élaborés avec les enfants en fonction de leurs besoins?
- Est-ce que le respect des autres et de l'environnement fait partie du quotidien?
- Est-ce que les enfants sont à l'aise pour exprimer leurs idées, leurs opinions?
- Est-ce qu'ils peuvent discuter calmement et ouvertement de leur point de vue?
- Est-ce qu'ils objectivent leurs apprentissages dans le but de prendre conscience de ce qu'ils savent et de ce qu'ils ne comprennent pas?
- Est-ce qu'ils participent à la planification et à l'organisation de la journée?
- Est-ce que l'enfant se met au travail ou attend que je lui dise quoi faire?
- Les enfants sont-ils au courant de mes attentes en ce qui a trait à leurs apprentissages et aux critères d'évaluation?

Dans ma classe, est-ce que je vis des valeurs de partage et de respect des différences ou des valeurs de rivalité et de compétition?

Je me questionne...

- Est-ce que mon aménagement favorise la communication?

- Est-ce que nous acceptons nos différences?
- Est-ce que je permets l'entraide durant certaines activités?
- Est-ce que les enfants peuvent aider facilement un plus faible sans avoir l'impression de prendre du retard dans ce qu'ils font?
- Est-ce que j'exige le même travail de la part de tous les enfants?
- Est-ce que je leur demande toujours de faire un travail individuel en silence?
- Est-ce que je donne les résultats des examens à haute voix?
- Est-ce que je favorise le travail en équipe?
- Est-ce que j'adapte mes exigences aux talents de chacun?
- Est-ce que j'évalue avec les enfants les progrès réalisés?
- Est-ce que nous nous encourageons dans la réussite d'une tâche?

Je peux croire que je développe l'autonomie des enfants alors que je prends toutes les décisions et que je planifie tout à leur place. Je peux croire que je privilégie le partage dans ma classe alors que, dans les faits, les enfants ne sont préoccupés que par la bonne réponse, les bonnes notes aux examens, et surtout sans qu'il soit question pour eux de dire ou de partager leurs connaissances et leurs savoir-faire. Il est important de poursuivre cette réflexion en m'aidant d'un outil qui m'apportera un éclairage sur mon vécu quotidien et me permettra de choisir les valeurs que je veux vivre dans ma classe. (*Voir l'outil n° 2.*) C'est à l'aide de mon journal de bord que j'entreprends cette réflexion.

J'ai choisi les valeurs que je veux vivre avec les enfants et je désire les véhiculer dans mon enseignement. Je suis à la recherche de l'harmonie avec moi-même dans ma façon d'intervenir dans ma classe. Pour poursuivre mon cheminement, je dois aussi découvrir la conception de l'apprentissage que sous-tend mon enseignement. Cette conception influence ma pratique éducative et modèle ma façon d'enseigner.

Mes valeurs

Je choisis les valeurs pédagogiques que je veux vivre avec les enfants dans ma classe.

Dans ma classe, je trouve très important...

que l'enfant s'engage, qu'il se questionne, qu'il aime apprendre et qu'il participe aux activités avec les autres enfants de la classe; qu'il développe son autonomie et qu'il soit responsable; qu'il soit à l'écoute et disponible.

Dans ma classe, je trouve peu important...

que l'enfant soit à l'écoute de ce que je dis comme étant «la vérité»; d'imposer une seule structure, «ma structure»; de tout décider moi-même.

Je choisis les valeurs que je veux vivre dans ma classe.

Je veux vivre des valeurs de respect, de partage, d'autonomie et de confiance.

Réfléxion personnelle à partir d'un fait que j'analyse à l'aide de mon journal de bord.

À la lumière de mes actions de tous les jours, je ne suis pas toujours cohérente avec les valeurs que je veux vivre dans ma classe et celles que je véhicule dans mon enseignement. Quand je choisis à la place de l'enfant, quand je lui dicte les démarches qu'il doit suivre, quand je prends toute la place, je ne favorise pas l'autonomie de l'enfant.

Je détermine la conception de l'apprentissage que je veux privilégier dans mon enseignement

Ma réflexion va me permettre de me voir telle que je suis dans ma classe, non pour me juger en me disant: «C'est bien» ou «Ce n'est pas bien», mais pour situer le point de départ de mon action. Il est maintenant important pour moi d'observer ma façon de travailler avec les enfants en regard des différentes conceptions de l'apprentissage que sous-tend toute pratique éducative.

Dans mon cheminement, j'ai étudié plus spécifiquement les deux conceptions de l'apprentissage présentées dans *L'activité éducative* du Conseil supérieur de l'éducation. Ce rapport explicite les deux conceptions de l'activité éducative: la conception organique et la conception mécaniste de l'apprentissage.

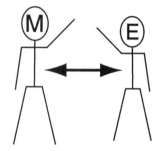

Dans une conception organique, le maître est en interaction avec l'enfant sur l'objet à connaître.

La conception organique de l'apprentissage voit l'enfant comme le principal acteur dans ce qu'il apprend. «L'apprentissage est perçu comme une expérience active qui se passe tout entière dans la vie intérieure de l'étudiant. Cette conception prend appui sur le dynamisme intérieur de l'enfant, car celui-ci possède le désir d'apprendre et de se dépasser. L'enfant est donc capable d'initiative, de dynamisme, d'autonomie, de décision personnelle et d'engagement actif dans le processus de sa formation[2].» Cette conception valorise davantage le progrès personnel et intérieur de l'enfant que la mémorisation de connaissances provenant uniquement des manuels ou des programmes. L'enfant contribue pleinement à ses apprentissages et sa motivation est grande. Il se développe et participe à la croissance de toute sa personne.

Si, dans ma classe, je privilégie une conception organique de l'apprentissage, cela signifie que j'interviens dans le but de favoriser le développement de l'autonomie et le sens des responsabilités de l'enfant face à ce qu'il apprend. Je mets l'enfant à contribution dans la planification, l'organisation, le vécu et l'évaluation des situations d'apprentissage. Je m'assure qu'il est en interaction constante avec ce qu'il apprend. Mon intervention favorise chez lui le développement de sa créativité, de son imagination, de son expression spontanée, de son autonomie et de son jugement. Le climat de la classe favorise le développement des valeurs de partage, de responsabilité, d'écoute, de recherche de justice, de beauté et d'harmonie. Dans cette conception, je suis donc en interaction avec l'enfant et je contribue au développement de toute sa personne.

Dans la conception mécaniste de l'apprentissage, l'enfant est davantage spectateur. On fait peu appel à sa compréhension. Il exécute le travail qu'on lui demande. Il est dépendant de l'intervenant. Il ne coopère que par sa docilité et sa bonne volonté. L'enfant participe rarement à l'organisation et à la planification des situations d'apprentissage. L'enseignant transmet des connaissances à l'enfant qui les reçoit et les assimile. «Le professeur est un transmetteur qui émet des informations, l'étudiant est

---

2. CONSEIL SUPÉRIEUR DE L'ÉDUCATION. *L'activité éducative,* extrait du rapport annuel 1969-1970, Québec, Éditeur officiel du Québec, 1977, p. 37.

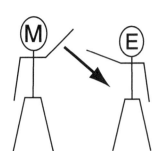

Le maître dans une conception mécaniste transmet un savoir à l'enfant.

un récepteur qui les enregistre [3].» On considère qu'on le rendra autonome et qu'il est un adulte en formation.

Si, dans ma classe, je privilégie une conception mécaniste de l'apprentissage, cela signifie que j'accorde la priorité aux objectifs des programmes et que je prends tous les moyens pour y arriver. L'enfant répond à mes attentes et à mes exigences. Je planifie les situations d'apprentissage et tous les enfants font le même travail en même temps. Cette conception développe chez les enfants des valeurs de soumission, de compétition, de productivité, d'obéissance et d'efficacité. L'enfant s'engage peu dans ses apprentissages. Il peut en résulter une démotivation et un manque d'intérêt à l'égard de l'acte d'apprendre. Je suis donc peu en interaction avec l'enfant et je lui transmets des connaissances qu'il doit assimiler et qui sont souvent sans liens avec le développement de sa personne.

Il est donc important pour moi de situer la conception de l'apprentissage vers laquelle je veux tendre pour être en mesure de mieux intervenir. Je me regarde donc vivre dans ma classe et je porte un regard critique sur mon intervention pédagogique. Peut-être que cette réalité ne sera pas celle que je voudrais qu'elle soit, peut-être que j'y retrouverai aussi des éléments qui me plaisent. Il me faut prendre le temps d'observer cette réalité pendant une période significative, prendre des photos de moi à plusieurs moments précis et les analyser dans mon journal de bord. J'aurai devant moi le miroir de ce que je suis comme intervenante, avec les valeurs que je véhicule dans ma pratique éducative de tous les jours. Je sais aussi que je ne suis pas uniquement centrée sur une conception de l'apprentissage, mais qu'une de ces conceptions domine dans ma pratique et qu'il est important pour moi de bien percevoir cette conception qui influence mes interventions. Pour m'aider dans ma réflexion, je me donne des indicateurs pour vérifier ma conception de l'apprentissage. C'est avec les faits relatés dans mon journal de bord que j'analyse et que je découvre la conception d'apprentissage qui me guide dans mon enseignement.

Si ma pratique éducative s'inspire d'une conception mécaniste de l'apprentissage...

- Je suis celle qui organise tout. L'enfant réalise les tâches que je lui demande de faire.
- Je transmets les connaissances par démonstrations et exposés.
- Je dirige et juge seule le travail des enfants. Ils doivent se soumettre à mes directives et à mes attentes.
- L'enfant assiste passivement aux cours, reçoit les informations et répond adéquatement.
- Je pense à toute l'organisation de la classe. La matière à enseigner est planifiée et souvent centrée sur les activités cognitives.
- J'explique le contenu aux enfants et ceux-ci travaillent sur le sujet que je leur présente.
- Les matières sont vues les unes après les autres. Je veux être certaine de ne rien oublier et surtout de toucher à tous les objectifs des programmes.
- Après les explications que je donne, les enfants réalisent les exercices seuls, comme je le leur demande.
- L'aménagement de ma classe varie peu.

---

3. *Id., ibid.*, p. 35.

- Je prends souvent toutes les décisions sans y associer les enfants.
- Mon horaire est fixe et je le respecte.
- L'évaluation tient compte des critères que j'ai choisis.
- J'évalue l'enfant par rapport à l'atteinte des objectifs prévus par les programmes et les manuels.
- Je suis l'unique responsable de l'évaluation.

Si ma pratique éducative s'inspire d'une conception organique de l'apprentissage…

- J'y vois un enseignement où les enfants et moi avons différents rôles à jouer.
- J'organise le contenu de mon enseignement et l'enfant planifie sa façon de travailler.
- Il participe à la réalisation des tâches à faire.
- C'est avec lui que je planifie le travail de la journée et que j'évalue le travail réalisé.
- Il participe avec moi à l'élaboration des objectifs d'apprentissage.
- Je lui fournis les outils utiles à son apprentissage.
- Je l'aide, dans les situations difficiles, à se sentir responsable de ses apprentissages.
- Il est actif dans ses apprentissages.
- Il est capable d'autonomie, d'initiative. Il prend ses propres décisions en ce qui a trait à son travail et à sa manière d'apprendre.
- Je favorise sa participation au choix des activités d'apprentissage.
- Il participe aux décisions qui concernent toute la classe.
- Il connaît ses talents et il les exploite.
- Je sollicite sa participation à l'évaluation de ses apprentissages.
- Je vois l'apprentissage comme devant s'intégrer au vécu de l'enfant.
- Je favorise la créativité dans le travail.
- Mon aménagement est souple et il favorise les échanges entre les enfants lors de travaux en ateliers ou en équipes.
- J'interagis avec l'enfant dans la planification, l'organisation et la réalisation du travail et des apprentissages à maîtriser.
- J'accorde beaucoup d'importance à l'autoévaluation.
- Je fais confiance à l'enfant dans ce qu'il veut réaliser pour apprendre.
- J'évalue ce que l'enfant a réalisé et non ce qu'il n'a pas encore eu le temps de maîtriser.
- Je favorise les échanges entre les enfants sur ce qu'ils ont appris. Ils s'entraident et partagent leurs connaissances.

À la lumière des indicateurs décrits plus haut, ma pratique actuelle m'indique que je ne suis pas en parfaite harmonie avec une conception organique de l'apprentissage qui permet à l'enfant de s'engager dans ce qu'il apprend. J'ai parfois tendance à tout diriger, à tout organiser. Je ne fais pas suffisamment de place à l'enfant; je ne lui permets pas toujours de s'engager dans son processus d'apprentissage. Tendre vers une conception organique de l'apprentissage consisterait alors à rechercher l'équilibre entre ma contribution et celle de l'enfant dans ses apprentissages. Plus la participation de l'enfant à ses apprentissages est grande, plus mon intervention se situe dans une conception organique de l'apprentissage. L'enfant travaille en étroite collaboration avec moi et il est actif et motivé. Il me faut tendre davantage vers cette conception dans ma pratique éducative.

Je me donne des moyens pour vivre la conception organique de l'apprentissage

Je me fais confiance et je fais confiance à l'enfant

Ma démarche de croissance pédagogique nécessite un engagement volontaire de ma part. Elle prend naissance dans le questionnement profond de mon action pédagogique. Ce cheminement entraîne des moments d'inquiétude, d'instabilité et de déséquilibre. Personne ne peut m'enseigner à enseigner. Je ne peux pas trouver toutes les réponses à mes questions dans des méthodes, dans des manuels, dans des guides pédagogiques trop bien programmés. C'est en moi-même que je vais trouver ce que je cherche. Je dois me faire confiance. Tout se traduit dans mon acte quotidien d'éducatrice. Il ne suffit pas de dire: «Je veux» ou «Je crois». L'action demeure la conséquence de mes décisions. J'ai le droit d'essayer, de me tromper, de recommencer.

C'est dans mon action quotidienne avec les enfants qu'il me faut faire cette démarche. Je dois m'appuyer sur mon expérience pédagogique passée pour m'aider à faire face à l'inconnu. Même si l'insécurité me déstabilise parfois, je décide de continuer en me faisant confiance. Je n'ai pas à me débarrasser de tout ce qui a pu me servir et qui m'a été utile auparavant. Les cahiers d'exercices, les manuels scolaires et les programmes demeurent des outils au service de l'apprentissage.

Je désire aussi partager et vivre ce cheminement avec l'enfant en le percevant comme partenaire. Il peut m'aider à comprendre et apporter des réponses à mes questions. Me faire confiance, c'est aussi faire confiance à l'enfant. C'est lui qui partage le plus facilement avec moi mes moments d'inquiétude et mes grandes joies. De plus, l'enfant ne juge pas. Il sait parfois mieux percevoir et orienter ma démarche, car il sait, lui, comment il aimerait apprendre... Je peux donc lui faire part de mes doutes, de mes inquiétudes.

Je me rappelle la première fois que j'ai confié à mes élèves mes inquiétudes d'éducatrice: «Les amis, je me questionne sur ma façon d'enseigner. J'aimerais changer des choses dans ma façon de vous faire travailler, de vous faire apprendre. Je n'ai pas encore trouvé de solution. En même temps, je crains qu'en faisant des expériences nouvelles, nous perdions du temps et que nous soyons en retard dans nos programmes.» C'est alors qu'un élève m'a dit: «Louise, si tu as peur comme ça, pourquoi ne pas écrire tout ce qu'il faut apprendre durant l'étape sur un carton et l'afficher dans la classe? Comme ça, nous verrons bien si nous allons être en retard ou non. Quand tu as quelque chose à nous montrer, demande-nous comment on pourrait faire pour l'apprendre; tu vas voir, on va t'en donner des idées.» Des nouvelles manières de faire, de travailler et d'apprendre, voilà les défis que nous nous sommes donnés. J'ai ainsi fait l'apprentissage le plus important, soit celui d'amener les enfants à devenir partenaires dans ma démarche. Ce sont eux qui m'ont permis de devenir ce que je suis pédagogiquement et qui m'aident encore à cheminer et à grandir dans ma vie professionnelle. Les enfants aiment ce défi de m'accompagner dans mon cheminement. Ils acceptent volontiers de participer à un tel projet.

Quand j'interagis avec eux, les enfants s'engagent dans le vécu de la classe et m'aident à résoudre différents problèmes organisationnels et pédagogiques. Je décris ici quelques situations.

La première situation de résolution de problèmes concerne l'organisation physique de ma classe de 4e année.

J'ai besoin, en fin d'avant-midi et d'après-midi, de m'asseoir en cercle avec les enfants pour évaluer les apprentissages que nous avons faits, ainsi que les habiletés et les attitudes que nous avons acquises lors des différentes activités. Le local n'est pas assez grand pour que cet espace soit toujours disponible. Les 26 pupitres ont été aménagés pour que les enfants soient placés en équipes de trois et quatre. Je présente mon problème aux enfants.

«Les amis, je trouve important d'être assis tous ensemble, les uns près des autres en cercle, pour évaluer ou parfois pour discuter, présenter ou échanger. Comment pourrait-on faire pour aménager cet espace afin qu'il réponde à nos besoins?

— On pousse les pupitres des deux équipes près du tableau. Une autre équipe se place près de ton pupitre et l'espace sera assez grand», répondent les élèves.

On essaie. C'est bruyant! Je leur demande alors:

«Comment pourrait-on faire pour que les élèves de la classe d'en dessous ne soient pas dérangés lors de nos déménagements?

— À deux, on peut lever les pupitres.»

Quelques jours suffisent pour que notre aménagement se transforme et se replace en moins de deux minutes, chaque jour.

La deuxième situation rend compte d'une activité d'apprentissage.

Je remarque que les enfants prennent beaucoup de temps dans le calcul des opérations; ils ont de la difficulté à mémoriser les algorithmes. Je leur demande:

«Comment pourrait-on faire pour devenir plus habile en calcul mental?

— On se place par deux et tu nous demandes nos tables de multiplication. Celui qui répond le premier se place à l'arrière de la rangée. Celui qui n'a pas correctement répondu va s'asseoir à sa place.»

Les enfants se donnent des moyens pour s'aider à trouver la réponse: arrondir un des nombres, en enlever à un nombre et en ajouter à un autre. J'observe que ce sont souvent les mêmes enfants qui vont s'asseoir et attendent que le jeu finisse. Je demande aux enfants:

«Ceux qui vont s'asseoir à leur place et attendent que le jeu finisse apprennent-ils davantage leurs tables de multiplication?»

Je dialogue avec les enfants. L'objectif est de trouver des moyens de mémoriser nos tables.

«Les amis qui retournent à leur place ont-ils la chance d'apprendre leurs tables?»

On réfléchit et on discute. On décide d'une nouvelle façon de procéder. Si on n'a pas la bonne réponse, on continue l'activité; on a le droit de se reprendre plusieurs fois. Vers la fin de l'activité, j'annonce que, maintenant, l'enfant qui n'a pas la bonne réponse doit s'asseoir. Je demande aux enfants:

«Que pouvons-nous faire pour nous améliorer?

— Quand on va s'asseoir, on écrit plusieurs fois la question qu'on a ratée pour l'apprendre, on écoute les réponses des autres. On essaie de trouver les bonnes réponses avant les autres. On fait un dessin qui représente la question.»

Les enfants sont maintenant capables d'évaluer le chemin parcouru dans leur étude des tables de multiplication. Ils peuvent déterminer ce qu'ils savent très bien et ce qu'ils ont encore à travailler.

La troisième situation met l'accent sur le développement de l'autonomie et de la responsabilité.

J'observe que les enfants, lorsqu'ils entrent en classe le matin, prennent beaucoup de temps à défaire leur sac et à se déshabiller. Je constate la situation avec eux. Je leur demande:

«Comment pourrait-on faire pour mieux se préparer à travailler?

— Il faudrait se déshabiller plus rapidement, se hâter de défaire notre sac, placer nos livres et nos choses dans notre pupitre, préparer notre crayon et notre gomme à effacer, faire une activité qui nous calme et nous prépare au travail, comme lire quelques minutes en attendant que tout le monde soit prêt.»

Je leur demande:

«Pensez-vous qu'on pourrait faire tout cela rapidement ?

— On va faire un essai. Qui prend la responsabilité d'écrire ce que l'on vient de décider?»

Une élève se porte volontaire. Elle affiche une pancarte sur laquelle elle a écrit:

Quand j'entre en classe le matin, je dis bonjour à Louise, je défais mon sac, je place mon pupitre et je prépare mes outils de travail, je taille mon crayon, je lis.

Les enfants et moi évaluons la situation chaque jour. Quand les enfants entrent dans la classe, je leur laisse cinq minutes avant de leur demander s'ils seront bientôt prêts. Je relis la pancarte. Les retardataires s'animent et se préparent à planifier la journée.

Quand j'accepte l'enfant comme principal partenaire de ma démarche de croissance pédagogique, je le considère comme un être responsable. Les échanges sont facilités par l'interaction qui s'établit entre lui et moi. Il est ainsi plus facile d'évaluer le chemin parcouru au fur et à mesure que se vivent des situations d'apprentissage dans ma classe. C'est ainsi que je réajuste mon enseignement et que je découvre ce qui m'a fait grandir.

Où suis-je rendue à la fin de l'automne?

Cette saison m'a fait grandir pédagogiquement. Je me connais mieux et j'apprends à être ce que je suis. J'accepte ce qu'il y a de beau en moi, car je connais mes forces, mes talents et mes qualités de pédagogue. Je me donne la possibilité de réfléchir à mon action en rédigeant mon journal de bord et je prends conscience des gestes pédagogiques que je pose. Je fais un pas à la fois et j'accepte le malaise qu'occasionne ma démarche réflexive. Je suis parfois découragée, mais je fais confiance à mon pouvoir créatif. Je peux aussi apprivoiser mes peurs en me faisant davantage confiance et en faisant confiance aux enfants. Je suis plus habile à les faire participer aux activités de la classe. J'ai déterminé mes questions concernant mon approche pédagogique. Je peux nommer les valeurs qui m'animent dans ma pratique éducative et je tends à vivre la conception organique de l'apprentissage. J'avance à mon rythme. Je prends le temps de me sentir bien dans ce que je fais. Je me félicite de ce que j'accomplis et d'être où j'en suis. Avant de poursuivre ma route au rythme des saisons, je me donne le temps d'expérimenter avec les enfants. (*Voir la page 46.*)

Où j'en suis

Je fais le point sur ma pratique pédagogique actuelle afin de donner une orientation à ma démarche de croissance pédagogique.

Ce que j'aime de mon enseignement.

_____

_____

_____

_____

_____

_____

Ce que j'aimerais modifier dans ma pratique.

_____

_____

_____

_____

_____

_____

_____

_____

Je précise mes orientations pédagogiques futures.

_____

_____

_____

_____

_____

_____

_____

_____

_____

_____

_____

Les valeurs

Je choisis les valeurs pédagogiques que je veux vivre avec les enfants dans ma classe.

Dans ma classe, je trouve très important...

_____
_____
_____
_____
_____
_____
_____

Dans ma classe, je trouve peu important...

_____
_____
_____
_____
_____
_____
_____

Je choisis les valeurs que je veux vivre dans ma classe.

_____
_____
_____
_____
_____
_____

Réflexion personnelle à partir d'un fait que j'analyse à l'aide de mon journal de bord.

_____
_____
_____
_____
_____
_____
_____
_____

L'automne de Lucie

Un temps pour expérimenter avec les enfants

J'ai toujours hâte de commencer l'école. J'ai des questions plein la tête. Je retrouve les enfants. Je veux apprendre avec eux à développer mes habiletés de pédagogue.

L'année commence, j'accueille mes élèves

Une nouvelle année commence. De quoi sera-t-elle faite? Que vivrons-nous cette année? Nul ne le sait! Mais moi, je suis certaine que nous vivrons quelque chose de nouveau et d'important.

Je pense à mes élèves et j'ai hâte de les connaître. Ma liste d'élèves de 2e année ne comporte que leurs noms et prénoms. Je n'inscris à côté de chacun ni pourcentage ni remarque permettant de les cataloguer ou les catégoriser: fort, moyen, faible, agité, lent ou présentant des troubles de comportement, etc. Je les accepte tels qu'ils sont et je m'accepte telle que je suis. C'est ensemble que nous cheminerons cette année.

Mon local de classe contient des tables, des pupitres, des chaises placées le long des murs, des bahuts, un muret, une étagère de livres pour le coin de lecture, des meubles pour l'équipement audiovisuel (tourne-disque, magnétophone, centre d'écoute, rétroprojecteur), une étagère pour le rangement, une petite table pour l'aquarium et enfin, mon pupitre. L'illustration de l'«Aménagement en début d'année» montre l'aménagement de mon local en début d'année.

Aménagement en début d'année

Sur les tableaux d'affichage, j'épingle des affiches et j'écris des questions afin de faire réagir les enfants et d'amorcer le dialogue.

- Connais-tu cet oiseau?
- As-tu fait un voyage?
- As-tu fait un pique-nique?
- Aimes-tu manger un bon steak sur charbon de bois?
- As-tu peur en avion?

Sur un tableau noir, j'inscris les mots «Bienvenue aux élèves de 2ᵉ année» et sur l'autre tableau, un gros «Bonjour» vivement coloré!

Comme enseignante, je regarde mon local et je pense: «C'est vide, mais c'est prêt.» C'est vide, parce qu'il manque l'essentiel, les enfants; c'est prêt, parce que je n'ai pas à tout organiser l'aménagement; les enfants partageront avec moi la responsabilité de l'organisation du local; il sera aménagé en fonction des besoins qui surgiront selon les activités.

Et c'est le départ ...

Nous faisons connaissance

Vingt-huit petites frimousses pointent à l'horizon. Leurs yeux sont à l'affût de tout ce qui est affiché dans la classe. Les réponses fusent aux questions qui accompagnent les illustrations affichées au mur.

Je les laisse s'installer et choisir leur pupitre. Assis tout près les uns des autres — l'espace oblige —, nous en profitons pour faire connaissance. Nous nous présentons et parlons de ce que nous sommes, de ce que nous faisons, de ce que nous ressentons. Nous apprenons à parler à notre tour, à écouter les autres, à respecter leurs opinions.

Le respect de chacun est une valeur très importante pour moi. Je désire que chacun sente qu'il est accepté comme il est, que chacun puisse s'exprimer sans retenue. L'acceptation de chacun est ma responsabilité. Mon attitude d'écoute et de respect encourage l'enfant à s'exprimer et mon intervention suscite et motive le respect des sentiments de chacun.

Je raconte mes souvenirs de vacances et je constate que les enfants se sentent importants d'entrer dans ma vie. À leur tour, ils racontent leurs souvenirs. Faire connaissance est déjà l'amorce de l'harmonie, de l'entente, du dialogue et du respect de l'autre, valeurs que j'ai choisi de privilégier durant toute l'année.

En début d'année, lorsque je rencontre les parents, je leur fais part de mon échelle de valeurs. J'échange avec eux sur les valeurs d'autonomie, de responsabilité, d'initiative, de communication, de partage des talents, de respect de l'environnement et de non-violence que je veux privilégier dans la classe. J'en profite pour leur expliquer les comportements qui en découlent. En cours d'année, lors de nos rencontres, nous échangerons sur leurs observations à la maison. Je leur remets la fiche suivante.

Les valeurs que je véhicule dans ma classe sont

- le respect de l'autre:
  — Accepter ce que l'autre dit, l'écouter;
  — Ne pas rire des autres;
  — Attendre son tour pour parler;
  — Avoir le droit de dire ce que l'on pense et en discuter;

- l'autonomie:
  — Ne pas faire à la place de l'enfant ce qu'il est capable de faire (puisque l'enfant est capable de faire beaucoup de choses);
  — Le laisser essayer, se tromper, recommencer;
  — Lui donner le droit d'apprendre par essai et erreur;

- le partage, l'entraide:
  — Aider les autres, expliquer aux autres dans la classe;
  — Travailler avec d'autres amis de l'école;
  — Mettre nos talents en commun;
  — Travailler en équipe, faire notre part;

- le respect de l'environnement:
  — Garder ses livres propres;
  — Prendre soin des cahiers;
  — Respecter les objets qui appartiennent aux autres;
  — Garder la classe propre;
  — Travailler à garder la cour de l'école propre;
  — Être fier de son école et en prendre soin;

- la non-violence:
  — Essayer de régler ses problèmes en parlant et en discutant;
  — Dire ce que l'on n'aime pas à l'autre. Ne pas être un souffre-douleur;
  — Chercher des manières de régler les conflits sans frapper l'autre.

Nous explorons l'environnement

Maintenant que nous nous connaissons mieux, je propose aux enfants d'explorer la classe pour découvrir le matériel mis à leur disposition pour apprendre cette année. Les enfants ont remarqué les jeux éducatifs. Je leur montre les différents jeux que nous avons et ils partent en exploration. Je les observe et déjà les habiletés de chacun apparaissent. Par son attitude, chaque enfant me montre ses intérêts, ses goûts, ses talents de créateur, de chef ou d'inventeur. Son caractère transparaît naturellement: doux, patient, agité, agaçant, impatient, etc.

Le meneur dirige, choisit, et s'il rencontre un pareil à lui-même, il y a discussion, négociation. Le chercheur n'abandonne pas s'il ne comprend pas un jeu, il s'informe et veut savoir. Le créateur ou l'inventeur veut transformer les règles du jeu et y mettre du sien. Le perfectionniste n'ose pas essayer, il a trop peur de se tromper. Le souffre-douleur laisse prendre sa place et attend.

En les regardant vivre, je me dis que cette période de jeux est indispensable en début d'année et je me dois de lui accorder un temps précis chaque jour. Elle permet à l'enfant de connaître différents jeux éducatifs, d'en explorer les possibilités et d'utiliser ses ressources personnelles pour les exploiter selon sa créativité. Elle permet aussi à l'enfant de se joindre à d'autres enfants de la classe, de s'ouvrir aux autres, de partager et de s'enrichir de ses expériences collectives. Je me mêle à cette période de jeux et je rencontre ainsi chaque enfant au naturel. Je questionne, j'observe, je suscite des réactions, et ma connaissance de l'enfant s'enrichit.

L'année s'organise avec les enfants: que veulent-ils apprendre?

Dès le début de l'année, je trouve important que les enfants prennent conscience qu'ils sont responsables de leurs apprentissages et de leur développement. Il m'apparaît primordial qu'ils s'engagent dans l'organisation de la vie de la classe.

Je demande alors aux enfants:

«Que voulez-vous apprendre à l'école cette année?

— Moi, je veux apprendre à lire mieux.
— Je veux connaître les majuscules.
— Je veux connaître tous les amis de la classe.
— Je veux compter loin, loin...
— Faire de la peinture.
— Faire de la pâte à modeler.
— Dessiner.
— Jouer avec mes amis.
— Écouter des histoires.
— Écrire des histoires.
— Apprendre l'heure.
— Connaître de nouveaux livres.
— Écrire dans mon nouveau livre de mathématiques.
— Faire des marionnettes.
— Connaître les amis des autres classes.
— Faire des voyages.
— Apprendre des chansons.
— Écouter de la musique.
— Danser avec les amis.
— Travailler avec les jeux éducatifs.
— Construire avec des blocs Lego.
— Jouer avec les réglettes.
— Jouer avec les blocs logiques.
— Faire du bricolage.
— Lire des histoires sur les animaux.
— M'occuper de l'aquarium et apporter des poissons.
— Faire des expériences avec des graines.
— Faire de l'éducation physique.»

Les réponses sont multiples. Je les inscris sur un grand papier blanc. Elles sont affichées et serviront de références lors de l'évaluation des différentes activités. Cette énumération d'activités, en ouvrant l'horizon de l'enfant, lui permet de trouver un élément de motivation dans sa présence à l'école. Il prend conscience de tout ce qu'il veut apprendre et de tout ce qu'il peut apprendre.

À la fin de la 1re étape, je sors le grand papier blanc sur lequel j'ai inscrit leurs réponses à la question «Que voulez-vous apprendre à l'école cette année?» et les enfants éprouvent un grand contentement, lorsqu'ils s'aperçoivent que déjà ils ont travaillé ce qu'ils désiraient apprendre cette année.

Je fais observer à chaque enfant que nous n'avons pas nécessairement tous le même objectif en tête quand nous venons à l'école. Chacun est différent. Chacun est important. Chacun apprend à sa manière et, avec les autres, nous apprenons beaucoup de choses. La valeur d'entraide que je privilégie permettra à chacun de mettre ses talents au service des autres. La communication étant aussi une valeur privilégiée dans ma classe, je leur donnerai aussi l'occasion de communiquer ce qu'ils savent, ce qu'ils sont, ce qu'ils veulent et ce dont ils ont besoin.

Nous aménageons le local

Quelques semaines se sont écoulées. Le fonctionnement de la classe suit son cours. Nous avons élaboré ensemble des règlements pour rendre notre vie en classe agréable. Nous les avons essayés, oubliés, ré-ajustés, acceptés.

Comme j'encourage la communication et la coopération entre les enfants, il y a souvent des périodes de travail pendant lesquelles les enfants se regroupent pour exécuter une tâche en petites équipes de deux, trois ou quatre. Nous devons constamment réaménager les pupitres jusqu'au jour où les enfants manifestent le désir de rester regroupés. Une discussion a lieu et nous évaluons la pertinence d'un tel regroupement.

Je leur demande:

«Quels sont les avantages de toujours laisser nos pupitres placés en îlots de travail?

— Quand on place les pupitres en îlots, je trouve qu'on a plus d'espace pour circuler dans la classe.

— On pourrait séparer les îlots avec les bahuts et les étagères. On serait moins près les uns des autres. Ce serait plus commode pour travailler en petits groupes; ce serait plus calme.

— On pourrait avoir une tablette ou un casier pour remiser les travaux non terminés.»

C'est le temps pour moi, avec l'aide des enfants, d'organiser notre environnement. Déjà, j'observe les regroupements naturels qui se font. Les enfants sont heureux de choisir les membres de leur équipe avec qui ils vont travailler pendant quelque temps. Tout au long de l'année, j'explorerai avec eux différentes façons de travailler ensemble.

Les enfants se partagent les étagères, négocient et vérifient s'ils peuvent les placer entre chacun des îlots. C'est possible. Les étagères et les bahuts séparent maintenant chaque îlot. L'illustration de l'«Aménagement quelques semaines plus tard» présente le nouvel aménagement du local, quelques semaines après la rentrée.

Aménagement quelques semaines plus tard

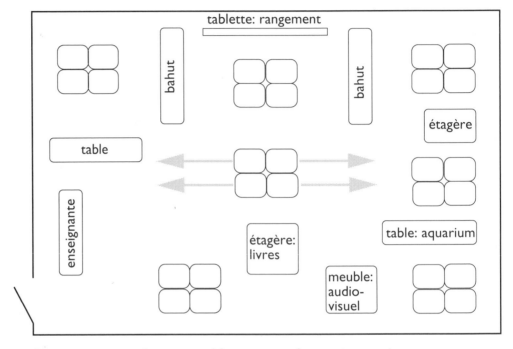

Nous nous entendons ensemble pour que les pupitres qui composent l'îlot, au centre de la classe, soient déplacés pour permettre d'avoir un coin pour parler lors des échanges, des discussions ou des évaluations.

Chaque jour, nous apprenons à planifier et à évaluer

La vie de la classe s'organise, l'aménagement évolue et les enfants se connaissent mieux. Des périodes de temps sont consacrées chaque jour à des apprentissages scolaires (calligraphie, phonèmes, graphèmes, manipulations mathématiques, etc.). Les activités scolaires comportent des apprentissages formels (développement des connaissances) et des apprentissages personnels (développement d'habiletés et d'attitudes). En début d'année toutefois, des apprentissages de base sont nécessaires: formation de lettres, espace entre les mots, organisation d'un travail dans un cahier, vérification des sons, des phonèmes, des graphèmes, manipulations pour la compréhension des mathématiques.

Au début de chaque journée, je fais avec les enfants la planification de la journée. Ils ne sont pas habiles, car ils ne sont pas habitués à une démarche ouverte. On leur a toujours dit quoi faire et ils attendent tout de moi. Pour les habituer et les associer à un vécu plus ouvert, je fais avec eux le plan de la journée. Je commence par le plan de l'avant-midi.

Exemple: jeudi 9 septembre (avant-midi)

Ce que je fais seul	Ce que je fais en équipe	Ce que je fais avec tous les amis

• Dessin aux crayons de cire: je ramasse des pommes dans un verger.	• Jeux éducatifs sur les mois et les saisons.	• Éducation physique. • Manipulations mathématiques: regroupements des unités, des dizaines. • Travail avec le texte «Les pommes».

À la fin de l'avant-midi, nous évaluons ensemble ce que nous avons eu le temps de faire; un élève met un point de couleur à côté de ce que nous avons fini. Je questionne les enfants sur les apprentissages réalisés et leur fais prendre conscience des habiletés acquises et des attitudes développées grâce à ces activités.

• Qu'as-tu appris dans ton travail cet avant-midi?
• Qu'est-ce que tu comprends mieux?
• Peux-tu regrouper plus facilement des unités?
• Peux-tu faire des échanges entre les dizaines et les unités?
• Comment la planche à calculer t'aide-t-elle à comprendre les nombres?
• De quelles manières différentes peux-tu décomposer le nombre 78?
• Es-tu plus habile à trouver des réponses dans un texte?
• Que fais-tu pour repérer, pour sélectionner?
• Quand tu mets en couleurs les mots importants d'un paragraphe, en quoi cela te rend-il plus habile à comprendre le texte?

• Connais-tu mieux les saisons? Pourquoi?
• Comment le jeu te permet-il d'apprendre le nom des mois de l'année?
• Peux-tu les regrouper par saison?
• En regardant les dessins affichés sur la cueillette des pommes, que remarques-tu sur la manière dont les amis ont utilisé les crayons de cire?
• Comment étais-tu dans ton travail cet avant-midi? Étais-tu heureux? détendu? calme? bien? travaillant? fatigué?
• As-tu fourni beaucoup d'efforts? Dans quoi, en particulier?

Puis, en début d'après-midi, nous continuons le plan.

Ce que je fais seul	Ce que je fais en équipe	Ce que je fais avec tous les amis

• Je finis mon dessin. • Je travaille dans mon livre de maths, page 17.	• Je compose des phrases avec les mots: pommier, pommeraie, jus, santé, vitamine, automne, saison.	• On apprend: Une phrase commence par une majuscule et finit par un point.

Je commence par l'animation du travail collectif. Ensuite, les enfants travaillent en équipes et s'entraident pour utiliser la notion étudiée en français. Je supervise et j'objective avec eux leurs apprentissages dans le but de vérifier leur utilisation de la majuscule et du point dans la composition des phrases. Au fur et à mesure qu'ils ont terminé leur travail en équipe, les enfants accomplissent les tâches prévues dans notre plan et travaillent seuls.

En fin d'après-midi, nous évaluons le travail accompli dans notre plan. Ce qui n'est pas terminé sera inscrit dans le plan du lendemain. Dans le plan de travail de chaque jour, il y a des périodes de travail collectif, réservées à des apprentissages plus scolaires, tandis que d'autres périodes favorisent l'exploration, la créativité et le travail en équipe.

Nous installons un coin de lecture

L'apprentissage de la lecture est primordial au 1er cycle du primaire. J'y attacherai une grande importance toute l'année. Je désire qu'il y ait des périodes de lecture chaque jour sous différentes formes:

- lecture collective d'une histoire;
- lecture individuelle libre;
- lecture à deux;
- lecture avec toute la classe d'un paragraphe choisi par moi ou par les enfants.

De plus, par l'organisation d'un coin de lecture, je veux planifier avec les enfants la possibilité d'inscrire dans l'horaire une période de temps pendant laquelle quelques enfants à la fois, à tour de rôle, pourront y avoir accès en fin d'avant-midi et en fin d'après-midi. Cette période de lecture, jumelée à une période de travail avec les jeux éducatifs, sera le départ des activités en ateliers.

Pour donner aux enfants le goût de la lecture, je profite d'une journée pédagogique pour placer dans une étagère, de façon attrayante, une trentaine de livres. J'y mets des livres de contes, des livres sur les animaux, des livres documentaires, des livres drôles, des petits poèmes, des comptines, etc. Sur un carton que je colle au mur près de l'étagère, j'inscris les questions suivantes: «Aimes-tu lire? Que lis-tu?»

Lorsque les enfants entrent en classe, quelques-uns lisent les questions et regardent les livres. Ils me montrent des livres qu'ils aiment, puis les montrent aux autres enfants. Les enfants s'assoient par groupes de deux ou trois, se lisent des bouts de texte, mais regardent surtout les images.

Je m'approche d'une équipe et j'écoute les enfants. Ils essaient de comprendre l'histoire. Je les questionne et pique leur curiosité. Ils me demandent: «Veux-tu nous lire l'histoire?» Ils demandent aux autres de parler moins fort parce qu'ils ne comprennent pas. Les autres baissent le ton, écoutent et se joignent à nous. Je commence l'histoire, tous écoutent religieusement. Je réalise comme ce moment est important. Les enfants adorent qu'on leur lise des histoires! Quelle merveilleuse manière de leur donner le goût de lire! Quelle sensation pour moi de voir tous ces petits yeux rivés sur le livre, attendant qu'il leur dévoile son secret!

L'histoire terminée, je demande aux enfants ce qu'ils en pensent. Ils parlent de ce livre, d'autres livres qu'ils ont à la maison, qu'ils aimeraient se faire lire et qu'ils proposent d'apporter à l'école.

Alors je leur dis:

«C'est une bonne idée, mais où va-t-on placer vos beaux livres?
— Avec ceux-là, dans la bibliothèque.
— Qu'est-ce que c'est pour vous une bibliothèque?
— Un endroit où on va chercher des livres. Un endroit où on va lire.
— Oui, mais dans une bibliothèque, il y a beaucoup de livres. Ici, il y en a peu.
— Alors, on pourrait lui donner un nom.
— Quel nom?»

Ils cherchent, donnent des idées et nous nous mettons d'accord sur un nom: Coin de lecture. Nous plaçons l'étagère en coin et laissons un peu de place pour que trois ou quatre enfants puissent s'y asseoir à la fois.

«Moi, j'aimerais ça faire un dessin pour décorer le coin de lecture.»

Merveilleuse idée! Comme les enfants aiment dessiner, des bonshommes, des animaux et des fleurs garnissent notre coin de lecture. Ils font une affiche sur laquelle est écrit:

Coin de lecture, coin des livres.

Ensuite, nous discutons ensemble et nous nous entendons sur l'organisation du coin de lecture.

1. On place les livres en ordre.
2. On prend soin des livres.
3. On peut apporter un livre à la maison le soir, mais on doit le rapporter le lendemain.

4. On peut y placer les livres que l'on apporte de chez nous, mais il faut écrire son nom dedans.

Le choix des livres dans le coin de lecture sera varié et attrayant. Je n'y laisse pas les mêmes livres toute l'année. J'en ajoute des nouveaux à chaque étape. Pour démarrer l'année, des livres très imagés, très colorés attirent l'attention de l'enfant et le stimulent à essayer de trouver le sens du texte sous l'image. S'il y a intérêt, il fera les efforts nécessaires pour décoder ou s'informera: «Qu'est-ce que c'est ce mot?» Je le fais lire, je vérifie le décodage. Saisit-il le sens? Anticipe-t-il? Par mes questions, j'évalue où il en est rendu dans ses habiletés à repérer et à sélectionner les informations. Je situe l'enfant dans son apprentissage de la lecture.

Puis je demande aux enfants:

«Comment va-t-on utiliser le coin de lecture en classe?

— On peut aller lire quand on a fini notre travail.

— Et ceux qui travaillent plus lentement, quand pourront-ils utiliser le coin de lecture?

— Ils n'ont qu'à travailler plus vite.

— Et s'ils n'y arrivent pas?

— Il faudrait trouver un moment où tout le monde pourrait y aller.

— Peut-on aller 28 en même temps dans le coin de lecture?

— Mais non! Il y a de la place pour trois ou quatre.

— Et si on y allait en petits groupes, tour à tour?

— C'est ça! On l'a trouvé!»

Je leur suggère alors d'inscrire cette activité dans le plan de la journée. Ils émettent l'idée d'un tirage au sort pour déterminer l'ordre de passage des trois ou quatre élèves regroupés en îlot de travail. (*Voir l'«Exemple: mardi 5 octobre».*)

Comment cela va-t-il se passer dans le coin de lecture? Avec eux, j'élabore des règlements. (*Voir le tableau «Les règlements du coin de lecture».*) Un élève les écrira au propre à l'ordinateur et ils seront affichés dans le coin de lecture. Ils serviront de points de repère lors de l'évaluation.

LES RÈGLEMENTS DU COIN DE LECTURE

1. Je choisis un livre par goût.

2. Je le regarde ou je le lis silencieusement.

3. Je le finis avant de l'échanger.

4. Je peux lire avec un ami à voix basse.

5. Je choisis une façon de présenter ma lecture afin de partager mes découvertes avec les amis.

6. Je replace mon livre à sa place.

Exemple: mardi 5 octobre

Ce que je fais seul	Ce que je fais en équipe	Ce que je fais avec tous les amis
Maths: les égalités, page 30.	On continue la bande dessinée: *Le ver et la pomme*. 10 h 30: jeux éducatifs; îlot de Martine. 10 h 30: coin de lecture; îlot de Pierre.	9 h: musique. Manipulations mathématiques.
J'écris les phrases au propre. Je mets en couleurs les majuscules et les points.	Avec un ami, je mesure des objets dans la classe en décimètres. 14 h 30: jeux éducatifs; îlot de François. 14 h 30: coin de lecture; îlot de Josianne.	Catéchèse. Mesure: le dm.

Je demande aux enfants: «Quand vous regardez un livre ou quand vous lisez un livre, vous vient-il parfois des idées? Avez-vous le goût de le montrer aux autres? Y a-t-il des activités que vous auriez le goût de faire?» Nous concevons ensemble un tableau d'activités de lecture.

TABLEAU D'ACTIVITÉS POUR EXPLOITER MA LECTURE

1. Je dessine ce que j'aime de mon livre.
2. Je dessine et j'écris le nom des personnages de l'histoire.
3. J'invente une autre fin à l'histoire.
4. Je peux aussi inventer une suite à l'histoire.
5. Je me prépare à dire aux amis pourquoi j'aime ce livre.
6. Je suis capable de nommer l'auteur, l'illustrateur, la maison d'édition et la collection.

Les activités pour exploiter la lecture sont libres. L'enfant qui reste 30 minutes dans le coin de lecture, le nez dans les livres, n'a pas à préparer un travail sur son livre. Il est important que l'enfant utilise son temps de lecture libre selon son intérêt. Il aime lire, il a trouvé un livre qui l'intéresse, il le lit. À un autre moment, un autre livre lui donnera peut-être une idée et alors, il préparera un travail sur sa lecture.

Cette période de lecture, je désire qu'elle soit libre et je respecte la façon dont l'enfant l'utilise, pourvu qu'il lise. Mon premier objectif est de lui donner le goût de lire. C'est pourquoi je permets aux enfants de s'expliquer entre eux ce qu'ils ne comprennent pas et ainsi, de s'entraider à devenir de bons lecteurs. Ensemble, ils découvrent différentes stratégies pour se dépanner afin de comprendre ce qu'ils lisent. Ils se racontent leurs histoires, ils lisent ensemble dans un même livre et ils partagent leur plaisir de lire.

Grâce au coin de lecture, les enfants développent leur autonomie, leur sens de l'organisation, tout en permettant à d'autres élèves, qui en ont plus besoin, de bénéficier d'une aide plus personnalisée de ma part, et ce, en groupe plus restreint.

Nous planifions l'organisation des ateliers

Les enfants ont maintenant l'expérience de deux ateliers par demi-journée; ils aiment beaucoup ce fonctionnement. Je leur fais confiance, ils essaient. Ils font preuve d'autonomie et ils découvrent qu'ils sont capables de fonctionner de cette façon. Leur confiance en eux s'accroît. Ils me demandent: «Est-ce qu'on pourrait travailler en ateliers plus longtemps?» Comme je suis plus habile à intervenir lors de ces périodes, je leur suggère d'organiser ensemble des activités d'ateliers pour une journée.

L'organisation d'ateliers demande une bonne planification. C'est une voie parmi d'autres pour rendre les enfants responsables, tout en respectant les capacités et les rythmes de chacun. Je n'ai pas à planifier seule le travail à effectuer dans les ateliers. Les enfants doivent participer si je veux qu'ils s'engagent et qu'ils en retirent des bénéfices.

Nous réfléchissons ensemble afin de répondre aux questions suivantes:

- Pourquoi faire des ateliers?
- Que contiendront-ils?
- Que voulons-nous y apprendre?
- Qui va les organiser?
- Quand allons-nous y travailler?
- Quels seront les règlements à respecter?
- Comment allons-nous évaluer nos apprentissages?

Toute cette discussion est inscrite sur une grande feuille de papier placée au mur. Je structure ensuite, avec les enfants, la bonne marche des ateliers. Les 28 élèves de ma classe de 2ᵉ année étant regroupés en îlots de quatre enfants, il nous faudra planifier sept activités. (*Voir le tableau «Planification des ateliers».*)

Pour organiser une journée d'ateliers, j'utilise un système rapide et efficace: une roue. (*Voir l'illustration à la page 38.*)

- J'inscris les noms des différents ateliers de la journée sur des cartons.
- Je les place sur la roue.
- J'inscris les noms des enfants des sept groupes sur un cercle comprenant sept rayons que j'attache à la roue avec une attache parisienne.

Planification des ateliers

Les activités	Mon intervention
1. Je lis dans le coin de lecture.	• Parle-moi de ce que tu as lu. • Lis-moi un passage de ton livre. • Comment pourrais-tu présenter ton livre aux amis?
2. J'écoute une histoire au centre d'écoute.	• De quoi parle-t-on dans l'histoire? • Quel personnage as-tu trouvé important? Pourquoi? • Pourrais-tu mimer l'histoire avec d'autres amis?
3. Je construis avec les blocs logiques.	• Peux-tu identifier les blocs logiques? • Peux-tu me faire un dessin en utilisant deux carrés, trois triangles, un cercle? • Peux-tu résoudre ce problème?
4. Je fais de la peinture.	• Es-tu satisfait de ton dessin? Veux-tu me le raconter?
5. Je dessine mon trajet pour venir à l'école.	• As-tu bien observé les routes et les rues qui te conduisent à l'école? Explique-moi ton trajet.
6. Je place les dessins d'une histoire en ordre et je compose une phrase pour chaque dessin.	• Raconte-moi ton histoire. • Avec qui l'as-tu composée?
7. Je travaille avec *La Petite École mathématique* (matériel de mathématiques individualisé).	• Quelle notion mathématique travailles-tu? • Qu'est-ce que tu comprends mieux? • Les amis de ton équipe t'ont-ils aidé?

Au début de la journée, il y a un tirage au sort pour déterminer le premier atelier. Par la suite, je n'ai qu'à avancer d'un rayon sur la roue à la fin de chaque période d'ateliers.

Les ateliers ont pour sujets des situations simples qui permettent aux enfants de connaître et de vivre toutes sortes d'activités reliées aux objectifs de l'année. Ces activités peuvent favoriser le réinvestissement des connaissances acquises durant une semaine, un mois ou une étape.

Au début, les activités sont simples et structurées, mais mon intervention fait en sorte qu'elles deviennent de plus en plus ouvertes. Je permets aux enfants de suggérer d'autres activités, d'inventer, de créer leur mode de présentation et d'utiliser leur créativité afin de personnaliser leur travail. Les activités des ateliers varient souvent et fournissent des prétextes à présenter différentes techniques que l'enfant pourra utiliser en cours d'année, à l'intérieur de son projet personnel, pour présenter ses apprentissages: par exemple, les techniques d'arts plastiques et l'utilisation d'appareils audiovisuels comme le magnétophone, le rétroprojecteur et le centre d'écoute.

Avant-midi

1er atelier: 8 h 15 à 8 h 45

Pause: lait

2e atelier: 9 h à 9 h 30

Récréation

3e atelier: 10 h à 10 h 30

4e atelier: 10 h 30 à 11 h

Évaluation de l'avant-midi

Après-midi

5e atelier: 12 h 45 à 13 h 15

6e atelier: 13 h 15 à 13 h 45

Récréation

7e atelier: 14 h à 14 h 30

Évaluation de l'après-midi

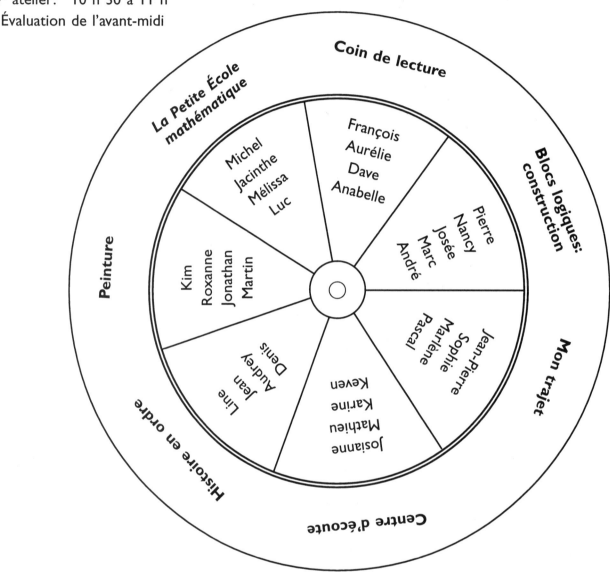

Plus je permets aux enfants de faire des choix, plus la planification des ateliers doit être pensée, réfléchie et explicite. Je dois avoir un but et savoir où je vais. Dès le départ, je dois m'attendre à ce que des réajustements soient nécessaires. Nous aurons à discuter ensemble des problèmes que nous vivons et à les exprimer clairement de façon à trouver des solutions.

Durant le travail en atelier, je circule entre les différents groupes et j'interviens selon les besoins de chacun. En portant un regard sur le travail de l'enfant, je l'interroge pour comprendre comment il s'y prend pour structurer ses nouvelles connaissances. En dialoguant avec lui, je suscite une plus grande rigueur, je le relance et je le stimule en lui demandant de présenter son travail d'une façon créative et originale. L'enfant apprend à faire des choix et à les respecter. Il est responsable de l'exécution de ce qu'il décide, de la planification à l'évaluation.

Je suis à l'affût des périodes d'interrogation chez l'enfant qui le font puiser dans ses ressources intérieures pour ajouter aux connaissances acquises le développement d'habiletés et d'attitudes. C'est là que je vois toute la différence entre ateliers fermés et ateliers ouverts.

Chaque enfant possède différents talents qui, une fois partagés, sont source de motivation et d'enrichissement pour toute la classe. C'est dans le travail en petit groupe que peut se manifester le plus facilement cette richesse à partager. Le travail en atelier permet de développer la créativité dans la réalisation et la présentation de leurs travaux, la planification, l'évaluation, la responsabilisation, la sociabilité, le partage et l'entraide. De plus, les programmes deviennent signifiants et axés sur l'expérience; les enfants prennent conscience de ce qu'ils apprennent.

Dans le cadre des ateliers, nous pouvons vivre plusieurs activités d'apprentissage. À la fin de la 1re étape, je fais avec les enfants la liste des activités réalisés en ateliers de septembre à la mi-novembre. (*Voir le tableau à la page 40.*)

Lors des ateliers, l'enfant a le choix de travailler seul ou avec d'autres, mais il doit finir l'activité qu'il a choisie et la présenter aux autres lors de l'évaluation.

Les enfants présentent leurs apprentissages et je les objective avec eux

Il est important de s'arrêter en fin d'avant-midi et en fin d'après-midi pour que les enfants puissent présenter des activités réalisées durant la journée. Cette période ne doit pas être négligée, car elle me permet, ainsi qu'aux enfants, de prendre conscience de leurs apprentissages. Elle favorise aussi leur expression future par l'apport des différentes techniques de réalisation présentées par un élève ou un groupe d'élèves. Avec les enfants du 1er cycle, je trouve important de le faire deux fois par jour, soit deux périodes de 20 minutes; cela permet aux enfants une meilleure écoute et une meilleure concentration. De plus, les enfants ont toujours hâte de présenter leurs travaux.

Durant ces périodes d'évaluation, les enfants sont invités à réfléchir à leurs activités et à nommer les différents apprentissages qui y sont reliés. Mon intervention suscite la réflexion; mon interaction avec les enfants leur permet de faire un retour sur eux-mêmes et de réaliser ce qu'ils ont fait et ce qu'ils ont appris. Je les questionne et je réagis.

• Aujourd'hui, as-tu fait de la lecture?
• Qu'est-ce que tu as lu? Pourquoi?
• As-tu eu besoin d'aide pour ta lecture?
• Si oui, qui t'a aidé?

- As-tu appris des mots nouveaux? Lesquels?
- Peux-tu les expliquer?
- Où les as-tu inscrits?
- Qu'est-ce que tu as écrit? À qui? Pourquoi?
- As-tu eu besoin de calculer?
- As-tu eu besoin de mesurer?
- As-tu eu besoin de faire des ensembles?
- As-tu eu besoin de construire? Explique-nous.
- As-tu développé ton imagination? Comment?
- As-tu développé ta créativité? Comment?
- As-tu observé?

Ateliers de septembre à la mi-novembre

Français	Mathématiques
• Apprendre le nom des amis. • Chercher dans un dictionnaire. • Classer des mots par ordre alphabétique. • Écrire une carte d'anniversaire. • Écrire une carte de remerciements. • Écouter des histoires au centre d'écoute. • Lire dans le coin de lecture. • Apprendre des mots nouveaux. • Enregistrer des histoires. • Apprendre l'alphabet. • Écrire et illustrer un livre.	• Manipuler la dizaine: faire des échanges, des regroupements. • Compter par 2, par 5, par 10 sur un tapis de nombres. • Composer des problèmes, faire trouver la solution par les amis. • Travailler dans *La Petite École mathématique*. • Faire des casse-tête. • Faire des achats à l'épicerie.
Arts et créativité	**Sciences humaines et sciences naturelles**
• Faire un dessin aux crayons de cire. • Faire un dessin avec des feuilles d'automne. • Faire de la peinture. • Raconter mon dessin. • Créer une bande dessinée. • Découper des illustrations. • Manipuler de la pâte à modeler. • Bricoler des marionnettes. • Composer des histoires. • Mettre mes histoires en scène. • Apprendre des chansons sur cassette. • Faire des ribambelles: pliage et découpage de personnages.	• Connaître mes cinq sens. • Découper les aliments, les classer, les déguster. • Faire de bonnes combinaisons alimentaires. • Nommer les feuilles des arbres. • Apprendre les jours de la semaine. • Apprendre les mois de l'année. • Installer un coin pour les plantes. • Semer des graines. • Mesurer les plantes. • Transplanter des plantes. • Chercher leur nom. • Dessiner mon trajet pour venir à l'école, ma maison, l'école, le plan de la classe.

- As-tu réfléchi?
- As-tu décidé?
- As-tu travaillé seul?
- As-tu travaillé avec d'autres?
- Comment te sentais-tu aujourd'hui?
- Es-tu satisfait de ta journée?
- Aurais-tu aimé faire autre chose?
- Que voudrais-tu améliorer?
- Que voudrais-tu changer?
- Que voudrais-tu garder?

Il est évident que toutes ces questions s'adressent à tous les enfants. Il est entendu que, durant une période de 20 minutes, chaque enfant ne peut s'exprimer sur tout ce qu'il a vécu. Mais comme j'objective avec eux leurs apprentissages chaque jour, je suis attentive à ce que chaque enfant puisse communiquer à son tour. Plus tard durant l'année, ils auront à évaluer eux-mêmes les différents apprentissages réalisés durant leur projet personnel; je les aide dès le début de l'année à développer leur habileté à s'auto-évaluer.

Les enfants sont attentifs et participent beaucoup. Ils sont fiers d'eux-mêmes. Ils apprécient les travaux des autres et leurs travaux sont appréciés. J'insiste sur le côté positif de chaque travail et je demande: «Est-ce que tu es satisfait de ton travail? Est-ce que tu pourrais ajouter autre chose? Est-ce que ton travail est complet?»

C'est à ce moment que les enfants vont proposer des suggestions ou des améliorations au travail présenté. L'enfant est libre d'en tenir compte ou de laisser son travail comme il est, quand, pour lui, il est complet. Mais les idées nouvelles ou les suggestions sont souvent réinvesties dans les travaux suivants.

Nous ne sommes qu'en début d'année. Je dois adapter mes exigences. J'irai plus en profondeur quand je détecterai chez les enfants une plus grande habileté; leur attitude m'indiquera qu'il est temps d'aller plus loin. Je suis à l'écoute de notre cheminement, et je prends le temps de nous regarder vivre ensemble.

Avec les enfants, je m'offre un plaisir pédagogique

Chaque matin, nous organisons ensemble les activités d'apprentissage de l'avant-midi. Je les inscris au tableau et les enfants s'y réfèrent pour se situer dans leur travail. Mais ce plan ne nous encadre pas; il peut s'adapter aux événements spéciaux ou au vécu de la classe.

Je vais vous raconter un fait qui s'est déroulé dans ma classe. Mon intervention aurait pu être de ramener les enfants aux activités inscrites dans le plan de l'avant-midi, mais je les aurais privés d'apprentissages riches et stimulants.

Ce jour-là notre plan de l'avant-midi se résumait comme suit:

- seul, l'enfant inscrivait des mots dans son nouveau dictionnaire selon différentes graphies (an, en, am, em; on, om; in, im);
- en équipe, les enfants lisaient dans le coin de lecture ou finissaient des activités d'exploitation de lecture;
- toute la classe suivait le cours de sciences de la nature à 9 heures et faisait des exercices de manipulations mathématiques sur la numération.

Comme le cours de sciences de la nature a lieu dans un autre local que la classe et qu'il est donné par une spécialiste, j'étais seule dans la classe à 9 heures, lorsque des élèves de Clotilde sont venus m'apporter une crème de poireaux qu'ils voulaient partager avec nous. Clotilde enseigne dans une classe spéciale du 1er cycle. Chaque année, nous organisons des activités permettant l'intégration de ses élèves à mon groupe régulier. Mes élèves vont travailler avec les siens. Nous accueillons aussi ses élèves lors des journées d'ateliers. Nous les invitons à écouter nos présentations. Clotilde est aussi une enseignante pleine de ressources.

Je décide alors que cette crème, apportée par les élèves de Clotilde, sera le déclencheur de nos échanges cette année. Quand les élèves reviennent en classe, après la récréation, je leur fais part de la visite des amis de Clotilde pendant qu'ils étaient à leur cours de sciences. Ils veulent goûter à la crème de poireaux. Malheureusement, elle est froide! Nous allons à la cuisine, nous réchauffons la crème, la goûtons et la dégustons. Nous allons remercier Clotilde dans sa classe où nous rencontrons ses six amis. Clotilde nous montre des souvenirs de ses voyages à la montagne et à la mer: des galets, des cailloux aux formes particulières et des coquillages. Les enfants les touchent; ils sont assis en petits groupes et ils parlent entre eux. Clotilde donne quelques cailloux à mes élèves.

De retour en classe, nous parlons des nouveaux amis avec qui nous venons de faire connaissance. «Chaque enfant est différent et apprend à sa manière. Ils sont plus lents, disent quelques-uns. Il faut qu'on les aide plus.»

Nous nous demandons où installer les cailloux que Clotilde nous a donnés. Nous en discutons. Au même moment, sur le tapis, Simon trouve une «bibitte» qui soulève l'intérêt des élèves. Elle est toute petite. Ils voudraient la voir de plus près. Je sors une loupe. Ils l'observent, la trouvent belle. Que faire?

«On pourrait la mettre dans un pot», disent-ils.

J'en ai un en verre, mais il faut faire des trous dans le couvercle avec un marteau et un clou pour que la «bibitte» ait de l'air. Hugo veut aller chercher le concierge pour cette opération.

«Pourquoi, lui ai-je demandé? Ne serais-tu pas capable, toi, de le faire?

— Mais elle va mourir si elle n'a rien à manger, ajoute Caroline.

— Qu'est-ce que ça peut bien manger une «bibitte» comme ça?

— De l'herbe», répond-elle.

Elle part et va lui en chercher dans la cour de l'école.

«Où va-t-on mettre cette "bibitte" et nos cailloux?»

Nous explorons la classe. L'endroit le plus approprié est une table où je place habituellement des livres, des feuilles et des choses à leur remettre. Les élèves m'indiquent une étagère tout près où je peux ranger ces choses. Je suis d'accord. C'est ainsi que naît notre *coin d'observation*. Nous y placerons tout ce que nous voulons observer. Alors les enfants explosent! Ils veulent apporter des plantes, un chat, un chien, des poissons, un lapin, un oiseau, un crabe, une tortue, un hamster, une souris, des fleurs, des cailloux!

En début d'après-midi, des élèves apportent des cailloux et des plantes avec leurs racines. Nous décidons de faire une expérience. Nous avons deux plantes de la même espèce: nous en plaçons une dans l'eau et l'autre non. Qu'arrivera-t-il? Quelques élèves émettent des hypothèses que nous vérifierons.

Sébastien a apporté deux poissons rouges. J'ai un aquarium dans un petit local attenant à la classe. Des élèves le nettoient et le remplissent d'eau; ils installent également le filtre. Ils se débrouillent très bien. Je supervise, mais je les laisse s'organiser. Il y a de l'eau sur le plancher, mais ils l'essuient. Il faut attendre que l'eau repose avant d'y placer les poissons. Que ces heures sont longues pour eux! Mais il y va de la vie des poissons. Nous attendons plus de deux heures avant de les laisser nager. Plus tard, Sébastien, tout heureux, dit: «Ils ont l'air bien, ils ont beaucoup de place; chez nous, mon aquarium est petit.» Nous chantons la chanson de Passe-Partout:

> *Les poissons gigotent*
> *Les poissons barbotent*
> *Les poissons vivent dans l'eau....*

À la récréation, je surveille la cour. Mes élèves cherchent ce qu'ils peuvent ramasser pour le coin d'observation. Après la récréation, ils présentent leur cueillette: des cailloux, des feuilles, des concombres grimpants. La table est déjà pleine. Je souligne maintenant un point important au sujet du coin d'observation.

- Comment savoir ce qui arrive chaque jour?
- Comment se rappeler de ce que nous avons observé?

Il faut écrire ces observations quelque part! Simon offre de bricoler un livre dans lequel les élèves décriront ou dessineront leurs observations. Le lendemain matin, 12 octobre, Simon apporte le livre qu'il a fait avec son père. On peut lire sur la page couverture: SAVANTS. Au tableau, près du coin d'observation, j'inscris: Les savants en herbe. Pourquoi? Je leur explique alors l'expression.

C'est déjà l'évaluation de l'après-midi. Nous regardons le plan de la journée: il n'a pas été respecté. Pourquoi? Des élèves donnent diverses explications:

«Il s'est passé des choses spéciales aujourd'hui.

— On a goûté à une soupe. Il fallait bien aller remercier ceux qui l'avaient faite.

— Et puis, on les connaissait pas, il fallait bien jaser avec eux un peu.

— Clotilde a tellement de choses dans sa classe. Ça nous a pris du temps pour tout voir ça.

— Et puis, regardez notre coin d'observation: il est plein de choses. On a quand même travaillé beaucoup.

— Moi, tout ce qui est sur la table, ça m'intéresse, j'aime ça.

— On fera demain ce qu'on n'a pas eu le temps de faire aujourd'hui.»

Quand je réfléchis à ce vécu, je me dis: «C'est vrai, je n'ai pas travaillé les objectifs de français et de maths prévus cet avant-midi. Mais est-ce si dramatique de remettre au lendemain ce qui était prévu? Qu'est-ce qui est plus important: les objectifs prévus ou ceux qui se présentent naturellement? Le coin d'observation deviendra un coin d'enrichissement en sciences; il fera partie d'un atelier. Il reste à en organiser l'animation avec les élèves. Cet échange entre ma classe et celle de Clotilde sera le départ d'une intégration de ses élèves dans ma classe. Ses élèves en difficulté d'apprentissage se joindront par la suite à des activités de classe régulière. Mes élèves iront dans sa classe présenter des travaux et travailler avec ses élèves pour les stimuler. Une grande amitié pourrait se développer entre eux.»

Je constate donc que profiter des événements qui se produisent au cours d'une journée permet aux enfants de faire des apprentissages reliés au fonctionnement de toute leur vie. Des connaissances s'y greffent, des habiletés s'y développent et des attitudes s'acquièrent.

Où sommes-nous rendus à la fin de l'automne?

Dans la classe, les apprentissages vont bon train. Les enfants se sentent plus habiles. Nous sommes bien ensemble. De plus en plus, les enfants participent et trouvent des réponses à leurs questions. Je suis attentive aux besoins de chacun et je sais par intuition qu'il est temps d'aller plus loin dans notre développement.

Le développement global de la personne étant une priorité dans mon enseignement, j'habitue les enfants à observer leur évolution et à réfléchir, à voir jusqu'à quel point leur autonomie et leur sociabilité se sont développées et comment les efforts qu'ils ont fournis les valorisent. Je leur fais remplir une fiche d'autoévaluation. Que pensent-ils de leur développement, à la fin de l'automne? (*Voir la fiche «Mon développement à la fin de la 1re étape».*)

Je fais le point sur ma pratique: quels sont nos acquis? Nous nous connaissons mieux. Nous avons aménagé notre classe pour vivre des activités ouvertes et fermées, reliées aux programmes et au développement des talents de chacun. Nous avons appris différentes techniques d'expression et découvert différents outils. Nous connaissons le fonctionnement de l'atelier de peinture. Nous avons aménagé un coin d'observation. Nous avons réalisé de courts travaux en équipes. Nous avons exploité différentes situations qui se sont présentées naturellement. Nous nous sommes évalués et nous avons pris progressivement conscience de notre développement. Nous nous faisons confiance et nous continuons… (*Voir la page 46.*)

Légende: Très bien ○
Assez bien △
À améliorer ☐

Autonomie

1. J'utilise bien mes temps libres. _____ △

2. J'essaie de régler mes problèmes moi-même. ____ △

3. Je range mon pupitre. _____ ○

4. Je range l'atelier quand j'ai fini. _____ ○

5. Je prends mes responsabilités. _____ △

Sociabilité

1. J'écoute la personne qui parle. _____ ☐

2. Je respecte les idées des autres. _____ △

3. Je ne dérange pas les autres. _____ △

4. J'aide les autres. _____ ○

5. Je m'entends bien avec les autres à la récréation. △

Effort

1. Je me concentre dans mon travail. _____ ○

2. Je finis ce que je commence. _____ ○

3. Je sais me calmer. _____ △

4. Je présente à Lucie des travaux propres. _____ ○

Mon objectif pour la 2e étape

Ce que je veux améliorer: *mieux écouter les amis quand ils parlent.*

Comment je vais m'y prendre: *attendre mon tour et lever la main avant de parler.*

Signature de l'enfant: *Martin C.*

Signature de l'enseignante: *Lucie Arpin*

Signature des parents: *Raymond C.*

Où suis-je rendue à la fin de l'automne?

1. Qu'est-ce que j'ai modifié dans ma pratique éducative?

2. Quels sont les changements que j'observe chez moi?

chez les enfants?

3. Quelles seront mes prochaines actions dans ma démarche de croissance pédagogique?

Vous poursuivez votre cheminement. Vous vous regardez vivre dans votre classe.

Quelles sont vos questions en cette saison d'HIVER?

Pourquoi les programmes me limitent-ils?

Est-ce que je tiens compte des idées des enfants dans mon intervention?

Est-ce que je présente aux enfants les objectifs d'apprentissage?

Comment me centrer sur la démarche de l'enfant qui apprend?

Pourquoi les programmes sont-ils si importants pour moi?

Les enfants sont-ils capables de nommer ce qu'ils apprennent?

Est-ce que j'accorde trop d'importance aux manuels scolaires?

Est-ce que je suis capable de m'ajuster au cheminement des enfants?

Est-ce que j'ai le souci de développer des habiletés chez les enfants de ma classe?

Comment voir tout ce que les programmes prescrivent?

Pourquoi cette phrase me suit-elle toujours: «Oui, mais les programmes!»?

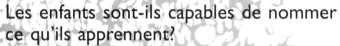

Notre cheminement d'hiver

Puis, il y a eu des hivers pendant lesquels nous avons travaillé à nous approprier les programmes. Pourquoi avons-nous fait cette démarche? Dans le vécu quotidien de notre classe, nous cherchions à être cohérentes avec les valeurs que nous avions choisies et la conception organique de l'apprentissage que nous voulions privilégier. Nous voulions amener l'enfant à s'engager davantage dans l'organisation de la vie de la classe, ce qui modifiait peu à peu notre façon d'intervenir. Nous nous rendions compte qu'il nous était difficile de respecter nos choix. Parfois, nous étions centrées sur la démarche de l'enfant, parfois nous en étions loin. Il nous suffisait de penser au prochain examen, au prochain bulletin, et nous devenions de nouveau uniquement centrées sur les contenus des programmes.

Lorsque nous étions dans la salle des enseignantes et que celles-ci racontaient le travail qu'elles avaient fait dans les manuels, nous nous retrouvions avec ce même questionnement. Est-ce que nous avons fait nous aussi autant de travail dans nos manuels ? Est-ce que nous serons rendues à la même place que l'autre classe à la fin de l'étape? Par ailleurs, nous n'avions pas travaillé dans la même perspective. Est-ce que nous sommes dans la bonne voie? Est-ce que nous allons réussir aussi bien que l'autre classe? Si nous prenons le temps de nous centrer sur la démarche de l'enfant, pourrons-nous alors voir tous les objectifs des programmes? Nous nous retrouvions toujours avec cette même hantise: les programmes. Afin de nous assurer que nous étions dans la bonne voie, il ne nous restait qu'une seule chose à faire, soit de démythifier les programmes, les fouiller, les étudier et nous les approprier.

Nous avons donc étudié les programmes de la maternelle à la 6e année pour comprendre la progression des apprentissages et pour saisir les relations existant d'un programme à l'autre, d'une année à l'autre. Cette démarche d'appropriation nous a permis d'apprivoiser les programmes et de nous en servir comme outils au service de l'apprentissage. Nous avons ainsi été capables, avec les enfants, de décoder les différents apprentissages dans notre quotidien. Il nous a donc été plus facile de nous recentrer sur la démarche d'apprentissage de l'enfant, car nous avons vite réalisé que, non seulement nous vivions les objectifs prescrits dans les différents programmes d'étude, mais que, souvent, nous allions au-delà. Nous étions donc rassurées et nous avons appris aux enfants à utiliser les grilles d'objectifs pour nommer ce qu'ils apprenaient, ce qu'ils comprenaient, ce qu'ils avaient développé. Ils étaient de plus en plus responsables de leurs apprentissages.

Durant cette deuxième saison, nous vous invitons à faire cette démarche d'appropriation des programmes à votre façon: d'abord pour vous-même en vous aidant du cheminement de Louise et ensuite, avec les enfants de votre classe. Puis, vous pourrez suivre Lucie dans ses expériences avec les enfants afin de les responsabiliser face à leurs apprentissages.

L'hiver de Louise

Un temps pour s'approprier les programmes

Malgré ma résistance, j'ai réalisé que connaître à fond les programmes a été l'aide la plus précieuse que je me suis donnée pour me centrer davantage sur la démarche d'apprentissage de l'enfant.

Je me questionne sur la nécessité de connaître les programmes

Depuis septembre, les découvertes que j'ai partagées et vécues avec les enfants ont coloré la vie de ma classe. Les valeurs qui m'animent sont plus cohérentes avec la conception organique de l'apprentissage que je privilégie. Je fais davantage participer l'enfant à la planification et à l'organisation de la vie de la classe. Il est créateur, il découvre ses talents et il les utilise. Il est curieux; je lui laisse plus de temps pour manipuler et pour apprendre. Il pose des questions, il veut savoir. Nous nous connaissons mieux et c'est ensemble que nous partageons nos découvertes et nos expériences. C'est dans la confiance que je veux poursuivre ma route. Dans mon journal de bord, j'écris mes réflexions sur les transformations qui surviennent dans l'organisation de la vie en classe, dans la planification de mon enseignement et dans les expériences vécues avec les enfants.

Je désire aller plus loin et être davantage attentive à la démarche d'apprentissage de l'enfant pour lui permettre d'intégrer ses nouvelles connaissances et ses nouvelles habiletés. À cette étape de mon cheminement, je suis souvent confrontée aux objectifs des programmes et j'ai souvent de la difficulté à me laisser porter par l'expérience de l'enfant. Je fais un bout de chemin en tenant compte de l'enfant et je reviens, par la suite, de façon systématique aux objectifs que j'ai fixés avec une autre enseignante du même degré que moi ou encore, je vois venir les bulletins et me revoilà centrée sur les contenus des programmes.

À la veille des examens de fin d'étape, mon insécurité m'amène à transmettre plus de connaissances. J'utilise donc des fiches d'exercices, les règles de grammaire, les problèmes des manuels ainsi que la liste de vocabulaire appris et, pendant quelques jours, je prépare les enfants aux examens. *Oui, mais les programmes?* Cela m'inquiète et freine mes élans pédagogiques. Je me demande comment faire pour en tenir compte, tout en poursuivant ma démarche d'intervention centrée sur celle de l'enfant. Je veux être à l'écoute de ce que les enfants apportent comme expérience, mais il y a les programmes… J'ai peur d'oublier certains objectifs et de ne pas avoir le temps de tout voir. Les contenus planifiés sont tellement importants que parfois, je préfère attendre d'avoir travaillé tous les objectifs de l'étape avant de vivre de petits projets avec les enfants. C'est devenu pour moi une façon de me sécuriser. Je me donne le droit de faire de petits projets thématiques avec les enfants quand j'ai suivi les objectifs prévus à mon programme. C'est pourtant durant ces périodes de projets que j'observe le grand intérêt des enfants à travailler et à chercher des réponses à leurs questions. Ils sont motivés et engagés. Ils sont tellement heureux lorsqu'ils vivent des activités d'apprentissage qui les intéressent! Je sais alors qu'ils apprennent vraiment, mais je ne suis pas habile à décoder les apprentissages qu'ils réalisent. Je dois donc examiner ma pratique, si je veux accorder plus de place à la démarche de l'enfant dans ses apprentissages et me poser la question suivante: Est-ce que j'accorde la priorité aux contenus des programmes ou à la démarche d'apprentissage de l'enfant?

Qu'est-ce qui me guide dans mon enseignement?

Est-ce que j'accorde la priorité aux contenus des programmes ou à la démarche d'apprentissage de l'enfant? Si je crois que les contenus de programmes sont prioritaires, je suis mon manuel et j'enseigne en fonction des objectifs que j'ai prévus et planifiés. Ma planification devient importante et je m'assure de la respecter en tenant compte des échéances que j'ai fixées.

Je suis en relation avec le contenu de mon enseignement. L'objet d'apprentissage est prioritaire. C'est lui qui oriente mes interventions. L'enfant répond aux objectifs que j'ai prévu lui enseigner.

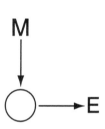

Si l'objet d'apprentissage est prioritaire, il orientera mes interventions. L'enfant répondra alors aux objectifs prévus par le maître.

Si l'enfant est déterminant dans mon intervention éducative, il devient mon guide et les apprentissages se greffent à son cheminement. J'interagis avec l'enfant et je m'ajuste à son expérience. Cette démarche d'intervention le conduit vers un apprentissage qui prend racine dans son vécu et le transforme. C'est une démarche axée sur le processus d'apprentissage que les contenus des programmes seuls ne peuvent pas faire vivre à l'enfant. J'accorde de la place dans mon enseignement au développement de la créativité, de l'autonomie, de la responsabilité, de l'initiative, de la curiosité, des méthodes de travail chez l'enfant qui apprend.

Il est important de savoir si je suis centrée davantage sur les contenus des programmes ou sur la démarche que fait l'enfant pour apprendre quand j'interviens avec lui. J'ai tiré le fait suivant de mon journal de bord. Je me suis servie de l'outil n° 3 pour m'aider à analyser mon intervention en fonction des programmes. (*Voir la page 65.*)

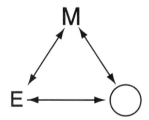

Si la démarche d'apprentissage de l'enfant est prioritaire, l'enfant deviendra mon guide. Je m'ajusterai alors à son expérience.

Stéphanie arrive toute heureuse en classe. Elle m'apporte un livre sur les animaux et veut le montrer aux amis de la classe.

«Louise, regarde le beau livre sur les animaux que j'ai reçu pour ma fête.

— C'est un beau livre, Stéphanie!»

Je le regarde et elle me dit:

«Louise, j'aimerais le montrer aux amis de la classe; il y a plein d'animaux qu'on ne connaît pas. Est-ce que tu veux?

— Si on a le temps, Stéphanie, tu pourras le faire. Tu sais, on a beaucoup de travail cet après-midi.

Les autres enfants de la classe s'approchent de Stéphanie.

«On veut le voir! Stéphanie, montre-nous ton livre.

— On doit apprendre à diviser, les amis. Je verrai s'il reste du temps pour ton livre, Stéphanie.»

Stéphanie place son livre sur mon pupitre.

«Ah! Louise, j'aimerais qu'il reste du temps!

— On verra Stéphanie.»

Je raconte mon intervention

- **Ce que j'ai fait.** J'ai prévu d'apprendre aux enfants à diviser. J'ai regardé le livre et j'ai dit à Stéphanie et aux autres enfants que nous avions du travail à faire. Je lui ai laissé entendre que son livre était intéressant, mais... j'avais prévu des objectifs en mathématiques pour cet après-midi-là. J'ai demandé à Stéphanie de mettre son livre sur mon bureau. S'il restait du temps, nous le regarderions avec les amis de la classe, après leur avoir montré comment diviser.
- **Comment j'ai procédé.** J'amorce ma leçon sur la division. Nous faisons des manipulations, des opérations et des résolutions de problèmes sur la division.
- **Ce que les enfants ont appris.** Les enfants apprennent le concept de la division. Ils manipulent, s'interrogent et consolident leurs apprentissages à l'aide des exercices du manuel. Nous n'avons pas le temps de regarder le livre sur les animaux de Stéphanie. Les enfants sont déçus. Peut-être demain...

J'analyse mon intervention

Je constate que, dans cette situation d'apprentissage, je n'ai pas laissé de place à l'imprévu. Pourquoi? Je réalise que j'axe souvent mon enseignement sur une discipline en particulier, sans liens avec les autres disciplines. Il y a un temps pour le français, un temps pour les sciences, un temps pour les mathématiques. J'enseigne en fonction d'un horaire très précis, ce qui compartimente mon enseignement. Chaque élève a son manuel et son cahier d'exercices, ce qui m'oblige à m'y référer sans que les liens avec mon enseignement soient toujours présents. C'est pourquoi je manque souvent de temps et que je n'ai pas toujours la satisfaction de bien travailler avec les enfants qui ont plus de difficulté.

Quand j'utilise le guide d'enseignement pour planifier chacune des matières, je réponds à la démarche du livre et non à celle de l'enfant. J'ai alors très peu de temps pour m'arrêter et pour regarder ce que l'enfant m'apporte, pour décoder les apprentissages que nous pourrions travailler à partir de ce qu'il m'apporte. Je m'ajuste difficilement à l'imprévu, car je planifie et je prévois dans les moindres détails. L'enfant n'a souvent pas d'autre choix que d'assimiler des contenus sans liens avec sa réalité. Et moi, comme enseignante, en procédant ainsi, je ne peux pas développer mon habileté à faire des liens entre les différents apprentissages des enfants si j'ai continuellement besoin de mon manuel pour enseigner. Je sais pourtant que les apprentissages doivent se greffer les uns aux autres, sans être morcelés, et répondre au désir d'apprendre, de connaître et de comprendre de l'enfant.

Si j'avais tenté de centrer mon intervention sur la démarche d'apprentissage de l'enfant, qu'est-ce que j'aurais pu faire?

- **Ce que j'aurais fait.** J'aurais regardé le livre de Stéphanie et constaté l'intérêt des enfants pour son livre. J'aurais pris le temps d'organiser une causerie avec les enfants et de voir comment les objectifs pédagogiques prévus auraient pu s'intégrer à cette situation provoquée par l'enfant. J'aurais demandé à Stéphanie de montrer son livre aux amis. Les enfants auraient posé des questions et auraient appris à connaître les différents animaux. J'aurais écouté, observé et préparé dans ma tête différentes possibilités d'exploitation dont j'aurais discuté avec les enfants. J'aurais pu demander aux enfants d'inventer des petits problèmes sur les animaux en utilisant l'opération de partage, la division. Nous aurions pu aussi classer les animaux selon leur famille, ou encore selon leurs habitudes de vie, tout en faisant des liens avec l'objectif prévu.

- **Comment j'aurais procédé.** Après la présentation du livre sur les animaux, j'aurais adapté ma leçon en utilisant les différentes données du livre pour travailler les objectifs prévus. Ou encore, j'aurais pu décider d'exploiter davantage la situation apportée par l'enfant et planifier avec les enfants une situation d'écriture. Ils auraient ainsi présenté les informations apprises sur les animaux. J'aurais pu aussi décider de laisser du temps pour la causerie et revenir sur ce que j'avais planifié.

- **Ce que les enfants auraient appris.** La résolution de problèmes utilisée à partir du livre sur les animaux nous aurait permis d'étudier la division. Si nous avions exploité la situation à partir d'une communication écrite, nous aurions appris à écrire un texte informatif. J'aurais appris ainsi à adapter mon intervention au cheminement de l'enfant. J'aurais pris le temps de l'écouter. L'enfant aurait été plus intéressé et aurait participé activement. J'aurais appris à créer de nouvelles situations d'apprentissage, qui ne sont pas dans les manuels.

Je m'essaie *à nouveau* en tenant compte de ce que j'ai réalisé lors de mon intervention avec Stéphane. Au lieu de tout préparer sans tenir compte de l'expérience des enfants, je tente de m'ajuster à leur cheminement. Je me fais confiance. Je modifie mon intervention en fonction des enfants. C'est ce que raconte la situation d'apprentissage suivante, tirée de mon journal de bord.

Pendant que nous étudions ce qu'est une légende, les enfants manifestent le désir d'en écrire une et de la mettre en scène avec des marionnettes.

Voici donc comment nous avons vécu cette situation d'apprentissage sur la légende *Castor, épervier et le feu* de la collection Quatratout.

Je raconte mon intervention

- **Ce que je fais.** Je présente la légende *Castor, épervier et le feu* aux enfants. Nous étudions les caractéristiques d'une légende. À la suite de leur désir d'écrire une légende, je demande aux enfants de m'expliquer comment la présentation d'un théâtre de marionnettes pourrait les aider à comprendre ce qu'est une légende. Leurs réponses sont pertinentes. Ils désirent mettre en scène la légende avec des marionnettes, tout en y ajoutant des idées personnelles. Ils choisissent de se regrouper en équipes de quatre pour travailler.
- **Comment je procède.** Nous formons des équipes et ils se mettent au travail. Ils rédigent leurs textes et les vérifient avec moi; ils fabriquent les décors et dessinent leurs marionnettes. Ils s'exercent et nous convenons d'un moment précis pour la présentation des légendes.
- **Ce que les enfants et moi apprenons.** Ils organisent leur présentation et la planifient ensemble. Ils partagent leurs idées. Ils se distribuent les tâches. Ils sont créatifs. Ils apprennent à travailler ensemble. Je connais davantage leurs forces et leurs faiblesses en écriture et je peux réajuster mon intervention. Je peux évaluer leur compréhension de ce qu'est une légende. J'apprends à travailler avec ce que les enfants m'apportent.

J'analyse mon intervention

Je prends donc conscience qu'en me faisant davantage confiance et en faisant confiance aux enfants, les apprentissages deviennent significatifs pour eux et pour moi. Le climat de la classe est stimulant et les enfants sont actifs et engagés dans leur projet. Ils suivent la démarche que nous nous sommes fixée, ils travaillent et ils partagent leurs idées. Chacun fait sa part. Les enfants comprennent ce qu'est une légende, car ils ont réinvesti ce concept dans l'élaboration de leur légende. J'ai adapté mon intervention et les enfants ont appris ce qu'est une légende.

Le castor vole le feu

Il y a très longtemps dans la forêt du Grand Manitou vivaient beaucoup d'Indiens et d'animaux.

Le feu prend lorsque le dieu Tonnerre joue sur son gros tambour.

Le castor rentre dans le village des Indiens où se trouvait le feu.

Le loup et le castor volent le feu et le mettent dans une coquille.

L'enfant du dieu Tonnerre lance une flèche de feu sur la queue du castor et elle s'enflamme.

Il tape sa queue dans l'eau pour éteindre le feu et sa queue devient plate.

Depuis ce temps-là, les castors ont la queue plate.

À la suite de cette expérience réalisée avec les enfants, je me rends compte que pour me recentrer sur leur démarche d'apprentissage, il m'est nécessaire de bien connaître les programmes et leur didactique. Tout comme l'artiste a besoin de maîtriser ses techniques pour mieux créer, j'ai besoin de m'approprier les programmes pour intervenir de façon à permettre aux enfants de vivre des apprentissages intégrés à leur vécu. L'enfant est entier dans sa manière d'apprendre. Il doit vivre des situations d'apprentissage dans toute sa globalité. Il est un tout et il vibre à la connaissance quand celle-ci est reliée à tout son être. Je ne veux plus morceler les connaissances, les préparer, les distribuer à l'enfant, et faire la démarche d'apprendre à sa place.

Mon objectif est donc de m'approprier les programmes pour avoir une connaissance intégrée des disciplines à enseigner. Cette démarche va me permettre de me sécuriser, de me libérer du contenu structuré des programmes, pour m'adapter plus facilement aux situations qui se présentent dans mon enseignement.

Je me donne une démarche pour m'approprier les programmes

M'approprier les programmes, c'est les reconstruire pour moi, les refaire à ma façon, les comprendre. Si les programmes limitent mes élans pédagogiques, il faut les fouiller, les étudier dans leur globalité, les unifier afin de dégager leurs contenus communs et me les approprier pour cesser de m'y accrocher continuellement.

Il est donc impossible de croire qu'il n'y a qu'une seule façon de le faire. Il existe autant de façons qu'il y a d'enseignantes qui se posent des questions. Chacune entreprend cette démarche à sa façon, selon le contexte dans lequel elle vit, selon ses préoccupations et selon ce qu'elle est. Je propose ici la démarche qui m'a guidée dans l'appropriation des programmes, démarche que j'ai également partagée avec d'autres enseignantes. Elle permet de dégager certaines pistes susceptibles de vous aider. Cette démarche est très fructueuse, lorsqu'on la fait avec d'autres enseignantes de son école.

- Je revois les fondements et les objectifs des programmes.
- Je spécifie le rôle du maître et celui de l'enfant dans l'apprentissage.
- Je précise le rôle de l'évaluation dans le processus d'enseignement et d'apprentissage.

- Pour chacun des programmes et pour chaque discipline de la maternelle à la 6e année, je dégage les objectifs généraux, les objectifs terminaux, la démarche d'apprentissage de l'enfant, la démarche pédagogique du maître et les apprentissages (savoir, savoir-faire, savoir-être) que les programmes développent.
- Je situe les disciplines les unes par rapport aux autres dans le développement de l'enfant.
- J'observe les liens qui existent entre les différents degrés et les différentes disciplines: connaissances et savoir, habiletés et savoir-faire, attitudes et savoir-être.
- Je fais la liste de ce qui est commun à l'ensemble des programmes et je détermine les habiletés et les attitudes qui se regroupent.
- Je cerne les connaissances propres à chaque discipline.
- Je fais des liens.
- Je saisis la contribution de chacune des disciplines à l'ensemble de la formation fondamentale de l'enfant.

À la suite de cette démarche, certaines orientations pédagogiques des programmes ont retenu mon attention.

Selon l'énoncé de la politique et du plan d'action du ministère de l'Éducation, les programmes ont pour but de permettre aux enfants de se développer en fonction de leurs talents particuliers et de leurs ressources personnelles, de s'épanouir comme personnes autonomes et créatrices et de se préparer à leur rôle de citoyen[1]. Les programmes visent donc le développement intégral de l'enfant, soit celui de toute sa personne.

Les apprentissages que fait l'enfant sont reliés à la réalité du monde qui l'entoure. Les sciences humaines et les sciences de la nature lui permettent de construire cette réalité; l'éducation religieuse, l'éducation morale et la formation personnelle et sociale lui permettent d'entrer en relation avec cette réalité; les arts, les langues (français et anglais) et les mathématiques lui permettent d'exprimer cette réalité. Je devrais profiter davantage de ce qu'apportent de concret à l'enfant les sciences humaines et les sciences de la nature et apprendre à l'enfant à exprimer cette réalité du monde qui l'entoure. Je crois qu'ainsi l'enseignement du français et des mathématiques, en particulier, retrouverait tout son sens.

Dans toutes les disciplines, la démarche d'apprentissage préconisée permet à l'enfant de se questionner, d'expérimenter, de réagir, de juger, de chercher, d'observer, d'explorer et de communiquer. J'oublie la démarche d'apprentissage de l'enfant, quand le manuel de base est suivi page à page. Les programmes sont pour moi. L'enfant ne peut pas tout maîtriser. Les connaissances lui apportent des éléments nouveaux d'une année à l'autre. Elles sont expliquées dans les manuels et les programmes du M.É.Q. pour chaque année scolaire. Je dois donc vérifier ce qu'il sait pour lui permettre de construire ses nouvelles connaissances.

Je trouve donc utile de présenter l'«Organigramme des apprentissages» dans lequel l'enfant est au cœur de ce qu'il apprend et peut ainsi construire ses connaissances. Cet organigramme présente l'ensemble des apprentissages de l'enfant au primaire.

---

1. Ministère de l'Éducation. *L'école québécoise, énoncé de politique et de plan d'action,* Gouvernement du Québec, 1979.

Organigramme des apprentissages

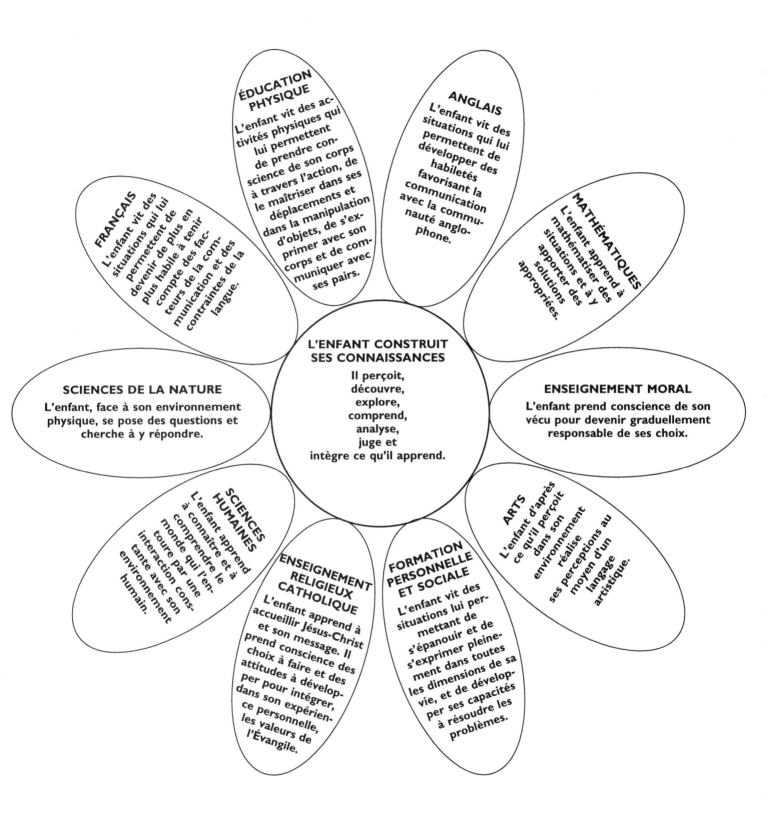

ÉDUCATION PHYSIQUE
L'enfant vit des activités physiques qui lui permettent de prendre conscience de son corps à travers l'action, de le maîtriser dans ses déplacements et dans la manipulation d'objets, de s'exprimer avec son corps et de communiquer avec ses pairs.

ANGLAIS
L'enfant vit des situations qui lui permettent de développer des habiletés favorisant la communication avec la communauté anglophone.

FRANÇAIS
L'enfant vit des situations qui lui permettent de devenir de plus en plus habile à tenir compte des facteurs de la communication et des contraintes de la langue.

MATHÉMATIQUES
L'enfant apprend à mathématiser des situations et à y apporter des solutions appropriées.

SCIENCES DE LA NATURE
L'enfant, face à son environnement physique, se pose des questions et cherche à y répondre.

L'ENFANT CONSTRUIT SES CONNAISSANCES
Il perçoit, découvre, explore, comprend, analyse, juge et intègre ce qu'il apprend.

ENSEIGNEMENT MORAL
L'enfant prend conscience de son vécu pour devenir graduellement responsable de ses choix.

SCIENCES HUMAINES
L'enfant apprend à connaître et à comprendre le monde qui l'entoure par une interaction constante avec son environnement humain.

ENSEIGNEMENT RELIGIEUX CATHOLIQUE
L'enfant apprend à accueillir Jésus-Christ et son message. Il prend conscience des choix à faire et des attitudes à développer pour intégrer, dans son expérience personnelle, les valeurs de l'Évangile.

FORMATION PERSONNELLE ET SOCIALE
L'enfant vit des situations lui permettant de s'épanouir et de s'exprimer pleinement dans toutes les dimensions de sa vie, et de développer ses capacités à résoudre les problèmes.

ARTS
L'enfant d'après ce qu'il perçoit dans son environnement réalise ses perceptions au moyen d'un langage artistique.

Source: Comité régional d'intégration des matières, M.É.Q., Abitibi.

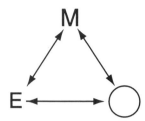

Les programmes préconisent aussi la nécessité pour l'enseignante de partir de l'enfant et de l'engager tout au long de son apprentissage. Donc, l'enfant se situe au cœur de l'acte d'apprendre et au cœur de l'action du maître. L'enfant agit. Le maître interagit et fait agir. Les manuels doivent rester des outils au service du maître. L'apprentissage se centre alors sur la relation dynamique qui s'établit entre l'enfant, le maître et l'objet d'apprentissage. Le maître guide l'élève, l'interroge sur ses connaissances antérieures et l'aide à construire ses nouvelles connaissances. (*Voir tableau «L'enfant, le maître et l'objet d'apprentissage».*)

L'enfant, le maître et l'objet d'apprentissage

L'enfant ⟷	Le maître ⟷	L'objet d'apprentissage
• est actif dans sa démarche pour apprendre; • contribue de façon significative à ses apprentissages; • perçoit, découvre, cherche, explore, comprend, analyse, juge et intègre ce qu'il apprend; • construit ses apprentissages à partir de ses expériences, de son savoir, de son savoir-faire et de son savoir-être.	• apporte un soutien à l'élève dans les situations d'apprentissage; • adapte son intervention au vécu des enfants; • crée un climat propice à la participation de l'enfant à la vie de la classe; • situe l'enfant dans son cheminement; • intervient selon les besoins de l'enfant dans sa démarche d'apprentissage; • génère des questions, des idées et des actions qui ont un sens pour l'enfant; • fournit les outils, les démarches et les stratégies nécessaires à la compréhension de l'enfant; • s'assure de favoriser l'intégration des apprentissages à l'expérience de l'enfant; • évalue avec l'enfant son cheminement durant toute la démarche d'apprentissage.	• se greffe à l'expérience de l'enfant; • stimule la curiosité; • s'expérimente; • se construit par la démarche de l'enfant; • se transfère, s'utilise dans d'autres situations et est réinvesti; • change celui qui le maîtrise.

Je présente ici ma synthèse personnelle des habiletés et des attitudes que développe l'ensemble des programmes. Cette synthèse répond à ma préoccupation de pouvoir les visualiser et les travailler avec les enfants indépendamment des degrés scolaires. Ces habiletés et ces attitudes se ressemblent d'un programme à l'autre, d'une année à l'autre. Pour moi, il était essentiel d'intégrer ces apprentissages au cheminement des enfants. (*Voir les tableaux «Je développe des attitudes» et «Je développe des habiletés».*)

Je développe des attitudes (savoir-être) pour vivre en harmonie avec

moi Je développe les ressources de ma personnalité.	les autres Je fais l'apprentissage de la vie de groupe dans un cadre démocratique.	l'environnement J'apprécie les richesses et les beautés de mon environnement physique et culturel.
• Je respecte mon corps. • J'exprime mes sensations, mes émotions, mes idées. • Je suis motivé. • Je participe à la vie de la classe. • Je manifeste mon enthousiasme. • Je prends des initiatives. • Je suis autonome. • Je relève des défis. • Je termine ce que je commence. • Je trouve des moyens pour m'améliorer. • Je fais des choix. • J'ai confiance en moi. • Je suis chercheur. • Je fais preuve de rigueur. • Je suis patient. • Je suis créatif. • Je m'intéresse à ce que j'apprends. • Je suis curieux, je questionne. • Je me concentre. • Je suis critique. • Je demande de l'aide si j'en ai besoin. • Je vérifie, j'objective, je m'ajuste. • Je suis attentif à ma façon d'apprendre. • Je m'évalue de façon constructive. • Je suis responsable. • Je réutilise ce que j'ai appris.	• J'accepte les autres avec leurs différences. • Je partage mes idées et mes talents. • Je coopère avec les amis de la classe. • Je participe activement au travail de mon équipe. • Je m'engage dans des projets de partage et d'entraide. • Je rends service. • Je suis disponible pour aider un ami. • J'écoute l'autre qui s'explique. • Je prends conscience des conséquences de mes actes. • Je cherche à comprendre avant de juger. • J'apprécie le travail des amis de la classe. • Je suis accueillant et respectueux. • Je travaille harmonieusement avec les autres.	• Je suis conscient des richesses de mon environnement. • Je respecte mon environnement. • Je suis attentif aux êtres vivants. • Je suis à l'écoute de mon environnement. • J'apprécie ce qui m'entoure. • Je respecte les valeurs culturelles de mon milieu. • Je participe à la vie communautaire de mon milieu. • J'utilise les ressources de mon environnement dans mon expression et ma communication.

Je développe des habiletés (savoir-faire)

psychomotrices	techniques	intellectuelles[2]
• J'utilise l'espace pour me mouvoir et créer.	• J'ai recours à des outils, des démarches et des stratégies pour apprendre.	• Je peux identifier (reconnaître, repérer, distinguer, énumérer, associer, lire, indiquer, nommer).
• Je m'oriente dans l'espace et dans le temps.	• J'utilise des symboles.	• Je peux me rappeler (faire appel à ma mémoire, retrouver, évoquer, reconstituer, redire).
• Je me situe dans l'espace et dans le temps.	• J'illustre une idée.	
• J'organise mes éléments graphiques dans l'espace.	• J'utilise des techniques de représentations graphiques: figures, histogrammes, maquettes, diagrammes, etc.	• Je peux comparer (classer, classifier, montrer les ressemblances et les différences).
• J'exécute des performances motrices complexes.	• J'utilise adéquatement les outils mis à ma disposition: code grammatical, multiples facteurs, verbes modèles, etc.	• Je peux analyser (expliquer, rendre compte, décomposer, résumer).
• Je peux suivre différents rythmes.		
• Je manipule habilement différents objets: ballon, ciseaux, peinture.	• Je manipule des instruments et des appareils audiovisuels: instruments de mesure, ordinateurs, enregistreuse, rétroprojecteur, magnétoscope.	• Je peux organiser (ordonner, structurer, situer, construire, mesurer, utiliser, reproduire).
• J'entends, je distingue, je perçois, je discrimine, je reconnais des sons, des mots, des bruits.	• Je consulte différentes sources d'information pertinentes: dictionnaires, glossaires, tables des matières, index, références, etc.	• Je peux inférer (présumer, démontrer, prédire, conclure).
• Je distingue les ressemblances et les différences des sons, des formes, des couleurs, des figures et des symboles.		• Je peux juger (justifier, adapter, vérifier, estimer, choisir, consulter).
• J'utilise mon corps pour m'exprimer et créer.	• J'utilise une démarche pour — résoudre un problème; — planifier une recherche; — faire le résumé d'un livre; — composer un texte; — préparer une entrevue, un spectacle.	• Je peux intégrer (établir une relation, découvrir, délimiter). • Je peux abstraire (dégager l'essentiel, énoncer ou identifier un concept).
	• Je sais comment prendre des notes, faire un plan.	• Je peux faire des hypothèses (proposer des solutions, inventer, imaginer).
	• Je me réfère à des techniques artistiques pour créer: collage, peinture, expression corporelle, modelage, jeux dramatiques.	• Je peux définir (décrire, formuler). • Je peux généraliser (passer de l'exemple au cas général, établir des lois ou des règles). • Je peux faire une synthèse (reformuler un texte, dire dans mes mots, raconter à ma manière). • Je peux créer (concevoir, réaliser, me projeter, communiquer).

2. M. HUGUES et G. MILLER. «Le schéma hiérarchique des processus mentaux», dans André Paré, *Créativité et pédagogie ouverte*, volume II, Laval, NHP, 1977, p. 187-192.

J'associe les enfants à ma démarche

Je trouve important d'associer les enfants à ma démache afin qu'ils prennent conscience de ce qu'ils apprennent. Pour m'aider à faire des liens entre les différents apprentissages qui se vivent dans ma classe et pour les décoder dans les activités que les enfants vivent, j'écris sur un grand carton les objectifs des programmes que je prévois travailler durant l'étape. Je m'assure de les écrire dans un langage facile à comprendre pour les enfants. Je les présente aux enfants, et ensemble, nous prenons connaissance de ce que nous verrons durant l'étape. Sur un autre carton, nous pourrons écrire les objectifs d'apprentissage que nous n'avons pas prévus, mais que nous pourrions réaliser dans notre cheminement de classe, durant le vécu de leur projet ou au quotidien. (*Voir le tableau «Planification d'étape avec les enfants».*)

Planification d'étape avec les enfants

Ce que je vais apprendre (prévu)

Lecture
- Lire un texte ludique: la légende.
- Lire un texte incitatif: les règles d'un jeu.

Écriture
- Composer une légende.
- Composer les règles d'un jeu.
- Faire accorder les adjectifs en genre et en nombre.
- Faire accorder le verbe au pluriel.
- Utiliser les finales du verbe à l'imparfait.

Communication orale
- Présenter les règles d'un jeu.

Mathématiques
- Arrondir un nombre.
- Placer en ordre croissant.
- Faire des opérations.
- Résoudre des problèmes.
- Apprivoiser la fraction.

Arts
- Apprendre à utiliser différentes techniques:
  — peinture libre,
  — modelage,
  — collage.

Sciences humaines
- Nommer et décrire les traits caractéristiques de ma région.
- Lire la carte géographique de ma région.

Sciences de la nature
- Faire pousser une plante.
- Étudier sa croissance.
- Différencier une plante annuelle d'une plante vivace.
- Comment prendre soin d'une plante.

Ce que nous réalisons (non prévu)

- Nous coopérons en équipe.
- Nous inventons des problèmes avec la carte de la région.
- Nous travaillons les kilomètres.
- Nous faisons une présentation de notre légende. Nous inventons.
- Nous apprenons à planifier.
- Nous lisons plusieurs légendes.
- Nous allons souvent au coin de lecture.
- Nous utilisons le passé composé des verbes.
- Nous apprenons l'impératif des verbes.
- Nous écoutons attentivement.
- Nous faisons une démarche.
- Nous inventons un réseau routier fermé et un autre ouvert.
- Nous écrivons une lettre pour inviter les amis de 5ᵉ à venir voir nos présentations.
- Nous faisons un dessin à l'échelle.
- Nous faisons un terrarium.
- Nous regardons la carte du Québec.
- Nous calculons des distances à l'aide des coordonnées de la carte.

En faisant cette démarche avec les enfants, je m'aperçois très vite qu'ils aiment savoir ce qu'ils vont apprendre. Ils sont aussi capables d'utiliser le langage pédagogique qui s'y rattache. Ils reconnaissent les apprentissages étudiés en classe durant les différentes activités, au fur et à mesure qu'ils apprennent les mots appropriés. Nous déterminons ensemble les apprentissages, d'abord séparément, à mesure que nous les expérimentons, puis, peu à peu, nous décodons les apprentissages non prévus que nous vivons dans nos activités de classe. Les enfants se familiarisent avec les apprentissages et découvrent les relations qui existent entre les différents objectifs. Lors de l'objectivation ou en situation d'évaluation, les enfants nomment ce qu'ils apprennent, comprennent, maîtrisent et intègrent.

Lorsque les enfants nomment avec aisance les apprentissages qu'ils font en classe, je leur présente les différents objectifs qui seront travaillés, pendant l'année, en français, en mathématiques et en sciences. L'enfant a ainsi une bonne représentation des éléments d'apprentissage qu'il peut retrouver dans les situations de son vécu en classe. Ces apprentissages sont consignés dans le «cahier d'apprentissage».

Afin de donner aux enfants la possibilité de nommer leurs différents apprentissages, j'affiche aussi dans la classe un grand tableau présentant les habiletés et les attitudes qu'ils devront développer au cours de l'année scolaire. J'utilise, pour ce faire, les tableaux des habiletés et des attitudes qui se trouvent aux pages 59 et 60. Une fois par semaine, nous faisons le bilan de ce que nous avons fait en classe et aussi de ce que les enfants ont appris dans leurs travaux personnels. Ils se familiarisent ainsi avec les éléments d'apprentissage et les utilisent comme un ensemble d'outils de travail favorisant et aidant leur démarche d'apprentissage. Au fur et à mesure que l'enfant apprend les mots appropriés, il est capable de parler de ce qu'il a fait, de ce qu'il a appris et de ce qu'il maîtrise. Il nomme ses apprentissages d'après ses connaissances, ses habiletés et ses attitudes. À l'aide de son cahier d'apprentissage, il devient capable de s'autoévaluer. Il ne s'agit pas de faire une analyse exhaustive de tout ce que le programme fixe comme objectifs, mais bien d'accorder de l'importance au développement d'habiletés à acquérir plutôt que de se centrer uniquement sur l'acquisition de connaissances.

Ce que cette démarche m'a apporté

Cette démarche d'appropriation des programmes m'a permis de visualiser et de comprendre la progression des apprentissages de la maternelle à la 6e année. Je sais ce que l'enfant a travaillé l'année précédente et je peux ainsi lui permettre de mieux consolider ses apprentissages. La planification de mon enseignement tient compte des acquis des enfants. Je sais où ils sont rendus et ce qu'il leur reste à apprendre, parce que je peux faire des liens avec les apprentissages que les enfants ont faits l'année précédente.

Je facilite chez les enfants l'utilisation des connaissances liées au développement des habiletés parce que je suis capable de faire d'abord moi-même cette démarche. Je suis attentive à favoriser cet échange dans mon intervention. Comme je fais des liens entre les connaissances et les habiletés des différentes disciplines, je peux plus facilement aider l'enfant à intégrer ses apprentissages au sein de petits projets. Je sais ce que l'enfant peut apprendre et développer en vivant son projet. Je peux alors le guider dans sa réalisation et l'aider à intégrer de nouveaux savoirs.

Je laisse plus de place au cheminement de l'enfant. Il acquiert une vision globale de ce qu'il peut réaliser, il planifie son emploi du temps, il propose des façons de vivre ses apprentissages. J'encourage l'organisation du travail en équipe parce que je sais qu'il permet aux enfants de développer des attitudes positives de partage, de coopération et de respect. Chaque enfant est progressivement plus responsable de ce qu'il apprend. Il met en valeur ses talents et ses habiletés particulières. Ma relation avec lui est dynamique, compréhensive et stimulante.

Il m'est plus facile de préciser les objets d'évaluation lors de projets ou d'ateliers avec les enfants. Les ateliers de lecture, d'arts, d'exploration et de créativité sont synonymes d'apprentissage; ils s'intègrent au vécu de la classe. Mes mises en situation sont plus signifiantes: je peux travailler plus d'un programme à la fois si cela facilite l'intégration des apprentissages. Je me centre davantage sur la démarche de l'enfant qui apprend. Mon intervention est ainsi plus cohérente; le manuel devient un outil au service de l'apprentissage.

Je me préoccupe d'élaborer avec les enfants des stratégies d'enseignement qui auront comme but de favoriser le développement de leur esprit d'analyse et de synthèse, de leur donner des démarches pour résoudre des problèmes, pour faire des relations et pour faciliter l'intégration des connaissances à leur vécu.

Cette démarche d'appropriation des programmes m'a rendue plus habile à m'adapter aux situations qui se présentent dans le vécu de ma classe. J'exploite plus facilement ce que l'enfant m'apporte et je peux modifier le contenu de mon enseignement et mon intervention. Je peux donc préciser les objectifs réalisés dans des activités d'apprentissage et décoder les apprentissages dans les projets personnels des enfants et dans les projets que je leur propose.

> Le mot «projet» signifie pour nous une activité à court terme ou à long terme dans laquelle sont utilisées différentes disciplines au service de l'apprentissage. Un projet demande une planification avec les enfants. Un projet peut se développer à partir d'un thème ou d'une préoccupation personnelle de l'enfant: projet en arts, projet de recherche, projet de créativité, projet d'écriture, projet en sciences de la nature ou autres.

Je présente ici cette démarche qui m'aide à tenir compte des intérêts des enfants dans leur projet.

À l'aide des tableaux des habiletés et des attitudes et en tenant compte des éléments des programmes, je détermine ce que les enfants sont susceptibles d'apprendre au cours de leur projet.

- En quoi seront-ils plus habiles?
- Quelles attitudes vont-ils développer?
- Que peuvent-ils apprendre de nouveau?

Je précise les disciplines qui seront utilisées dans la réalisation de leur projet.

Je m'assure de trouver les outils, les fiches et les grilles dont ils auront besoin pour réussir.

Je prévois de la documentation et des lectures susceptibles d'enrichir leur questionnement.

Je décide avec les enfants de la façon de travailler leur projet et du temps que nous y accorderons à chaque semaine.

Durant le vécu du projet avec les enfants, je me donne le temps d'objectiver les apprentissages qu'ils réalisent.

- Qu'est-ce que l'enfant réussit?
- Que lui reste-t-il à apprendre?
- Comment puis-je l'aider à aller plus loin?

Quand les enfants présentent leurs découvertes, je les questionne afin qu'ils puissent nommer leurs apprentissages. Pour ce faire, les enfants se réfèrent aux tableaux des habiletés et des attitudes affichés dans la classe.

- Que connais-tu de nouveau? (savoir)
- En quoi es-tu plus habile? (savoir-faire)
- Quelles attitudes as-tu développées? (savoir-être)
- Comment peux-tu réutiliser ce que tu as appris?

Enfin, j'ai le temps de me concentrer sur le cheminement des enfants, de parler avec eux et de vivre pédagogiquement. Je suis plus à l'aise face aux programmes et je me libère graduellement des contraintes qu'ils suscitent.

Où suis-je rendue à la fin de l'hiver?

Je suis en mesure d'être plus présente dans le cheminement de l'enfant, dans sa démarche d'apprentissage. Lorsque je regarde l'enfant travailler, je peux percevoir qu'il fait des liens, qu'il réutilise ses connaissances pour résoudre un problème, qu'il maîtrise une nouvelle habileté. J'ai intégré les connaissances des disciplines que j'enseigne. Je les situe les unes par rapport aux autres et je connais les liens qui les unissent. Je comprends la contribution de chacune d'entre elles à l'ensemble de la formation de l'enfant.

Les programmes sont pour moi des outils au service de l'apprentissage. Ma pédagogie se modèle de plus en plus sur les enfants et non sur les contenus notionnels des manuels. Ce qui m'importe, ce n'est pas seulement ce que j'ai à enseigner, mais surtout comment l'enseigner.

J'utilise les programmes depuis longtemps. Je pensais les connaître, mais maintenant je les comprends. L'enfant est pour moi le meilleur guide pédagogique que je connaisse.

Je me donne le temps d'expérimenter et de consolider ma démarche d'appropriation des programmes avec les enfants. (*Voir la page 94.*)

Mon intervention en fonction des programmes

Outil pour m'aider à analyser mon intervention. Suis-je davantage centrée sur la démarche de l'enfant ou sur les objectifs des programmes?

Je raconte un fait d'apprentissage.

_____
_____
_____
_____
_____

Ce que je fais.

_____
_____
_____
_____
_____

Comment je procède.

_____
_____
_____
_____
_____

Ce que les enfants et moi apprenons.

_____
_____
_____
_____

J'analyse mon intervention.

_____
_____
_____
_____

Jessika 1ᵉ année

J'aime beaucoup patiner

sur la glace quand c'est

tout blanc.

L'hiver de Lucie

Un temps pour intégrer les programmes
avec les enfants

J'expérimente avec les enfants et nous découvrons
ensemble les nombreux apprentissages qui favorisent le
développement harmonieux de toute notre personne.

Je présente aux enfants les objectifs d'apprentissage de l'année

Nous sommes maintenant en novembre. Dans les activités vécues durant l'automne, les apprentissages ont été diversifiés, individualisés et mis en commun. Les enfants ont commencé à prendre conscience de ce qu'ils apprenaient, ils ont découvert leurs talents et ils commencent à se sentir importants. Leur respect d'eux-mêmes et des autres progresse dans la bonne voie. L'aménagement de la classe est flexible et s'adapte à ce qui se vit. Je fais confiance aux enfants et je les habitue à planifier chaque journée avec moi.

Mes préoccupations se portent maintenant sur les programmes du ministère de l'Éducation du Québec (M.É.Q.). Je veux que l'enfant comprenne que les objectifs des programmes sont importants et que nous en tiendrons compte toute l'année. En même temps, je ne veux pas axer l'apprentissage uniquement sur les objectifs; je ne veux pas que les contenus des programmes deviennent un obstacle et m'empêchent d'utiliser les intérêts des enfants et le vécu de la classe. Je veux planifier avec les enfants des projets regroupant différentes disciplines. Je dois donc développer mon habileté à décoder les objectifs d'apprentissage au moment où ils se présentent et à les intégrer aux activités selon les besoins. Le développement de cette habileté requiert l'aide des enfants. Je les crois maintenant capables de participer davantage à décoder leurs apprentissages et à s'autoévaluer. Je leur présente donc les objectifs des programmes que nous avons déjà commencé à travailler depuis septembre et que nous poursuivrons tout au cours de l'année.

Dans un coin nommé «Ce que je vais apprendre cette année», j'affiche des feuilles grand format sur lesquelles sont écrits les objectifs d'apprentissage des différents programmes pour la 2e année. Nous nous y référons durant les périodes d'évaluation. Les objectifs atteints sont mis en évidence par une couleur différente à chaque étape. Dans un cahier, les enfants placent aussi les feuilles de route concernant les objectifs des programmes de français et de mathématiques. Une légende simple à comprendre permet aux enfants de suivre leurs progrès et de prendre conscience de leurs apprentissages.

Légende

◯ L'enfant réussit facilement.

△ L'enfant réussit avec de l'aide.

☐ L'enfant éprouve des difficultés.

Lorsque je corrige ou vérifie les travaux des enfants, j'utilise la même légende. Les enfants comprennent bien ces symboles. Il est plus facile pour eux de les utiliser quand ils s'autoévaluent sur leurs feuilles de route.

Nous commençons par les objectifs de communication orale. J'explique aux enfants qu'ils ont à communiquer ce qu'ils pensent, ce qu'ils aiment, ce qu'ils savent, ce qu'ils veulent, ce qu'ils apprennent. Ils doivent également tenir compte de ceux qui les écoutent et écouter à leur tour. Ils doivent être capables de dire ce qu'ils apprennent de nouveau, lorsqu'un ami présente sa communication. Ils peuvent questionner celui qui parle pour mieux comprendre son message. Enfin, ils ont à développer l'habileté de raconter dans l'ordre logique et chronologique.

Quand nous vivons des activités de communication orale, je demande aux enfants de se rappeler ce qu'ils ont communiqué durant la journée, avec qui ils ont communiqué et quel était le but de cette communication. Je note mes observations et j'en discute avec les enfants individuellement. (*Voir la «Fiche d'observation» de Martin à la page 70.*) Ils inscrivent ces commentaires en quelques mots sur leur feuille de route. (*Voir la «Feuille de route en communication orale» de Martin à la page 71.*)

Puis, un autre jour, nous prenons connaissance des objectifs en lecture. L'enfant prend conscience qu'il doit lire toutes sortes de textes pour s'informer, s'amuser, se donner le goût d'essayer des choses nouvelles (recettes, devinettes, charades), connaître de nouveaux contes, de nouvelles légendes et de nouveaux poèmes. (*Voir la «Feuille de route en lecture» à la page 72.*)

J'observe un enfant en situation de communication orale et je note mes observations.

Nom de l'enfant: *Martin*

Date de l'observation: *11 novembre*

Activité en cours ou situation pendant laquelle la communication se produit:

Il y a eu un problème au soccer durant la récréation:

les règlements ne sont pas respectés.

Communication:

Martin fait partie d'une équipe de soccer municipale. Il dit connaître les règles du jeu. Il les explique. Il précise les règles qui ont causé le problème à la récréation. Il convainc les membres des équipes d'essayer de jouer à nouveau en respectant les règles du jeu.

Commentaires, impressions, interprétations:

Son vocabulaire est précis. Il est sûr de lui. Il retient l'attention. Sa voix est calme. Il est capable de s'adapter aux questions posées et d'y répondre.

Martin

Pour développer mon habileté à communiquer	Situations	réussit bien ○	réussit avec de l'aide △	éprouve des difficultés □
1. J'exprime et je justifie mes goûts, mes sentiments, mes émotions, mes intérêts.				
2. Je donne des informations pertinentes sur				
une personne;				
un personnage;				
un animal;				
un objet;				
un événement, un jeu.	*J'explique les règles du jeu de soccer.*	X		
3. Je fais agir ou je réussis à convaincre les autres élèves de la classe.	*Les amis m'écoutent bien et décident de jouer encore à la récréation.*	X		
4. J'organise des informations dans un ordre logique et chronologique.				
5. Je parle de façon à être compris.				
Je prononce bien.		X		
Je parle assez fort.		X		

Chaque jour, l'enfant est assuré d'un temps de lecture libre.
Pour devenir un bon lecteur, l'enfant lit différents types de textes:

à caractère informatif	VU	à caractère incitatif	VU
1. Affiches		15. Consignes	
2. Reportages dans les journaux		16. Règles de jeux	
3. Articles de la revue *Coulicou*	X	17. Recettes	X
4. Articles d'encyclopédies		18. Affiches	
5. Dépliants d'information		19. Invitations	
6. Courtes biographies		20. Textes des manuels scolaires	
7. Monographies (description spéciale d'un seul objet)			
8. Textes des manuels scolaires	X		

à caractère poétique ou ludique	VU	à caractère expressif	VU
9. Contes	X	21. Cartes de souhaits	
10. Poèmes		22. Cartes de remerciements	
11. Chansons	X	23. Messages personnels	X
12. Légendes		24. Lettres	
13. Bandes dessinées			
14. Fables			

À la fin d'une journée de classe, il est certain que l'enfant a eu l'occasion de lire. Durant la période d'évaluation, à la fin de la journée, il apprend à se rappeler ce qu'il a lu et à l'inscrire au bon endroit dans son cahier d'évaluation. Puis, l'enfant est amené à s'interroger sur sa compétence en lecture. Je lui demande s'il a trouvé cette lecture très facile, s'il a eu besoin de mon aide ou de celle de ses camarades, ou s'il a éprouvé de la difficulté en lecture. Si oui, nous devons nous donner un plan d'action. On apprend à lire en lisant. Les enfants qui éprouvent des difficultés en lecture doivent être plongés dans un bain de lecture. Je demande aux enfants comment faire pour que, dans notre classe, nous devenions des lecteurs «experts». Ils répondent qu'il faut lire beaucoup et souvent, qu'il faut avoir de beaux livres qu'on peut lire ensemble, à l'école ou à la maison.

Chaque jour, j'organise une période de lecture. Les enfants s'entraident ainsi à devenir de bons lecteurs. Ils font des efforts, s'évaluent et recommencent. Avec l'aide de parents bénévoles qui aiment venir travailler à l'école, j'organise d'autres périodes de lecture pendant lesquelles les enfants bénéficient d'une attention particulière pour travailler un aspect précis de la lecture (décodage, anticipation, recherche de sens, etc.).

De plus, pour aider les enfants à comprendre des textes dont le niveau de complexité est adapté à leur développement, je travaille collectivement des textes variés qui répondent tantôt au besoin d'information et de communication, tantôt au besoin d'imaginaire et de création. Ce travail de compréhension en lecture aide les enfants à reconstruire les informations d'un texte par le repérage, la sélection et le regroupement; il permet aussi de développer leur habileté à inférer, à juger et à penser.

Ensemble, nous élaborons une démarche pour mieux comprendre un texte. Je l'écris sur un carton et je l'affiche en classe:

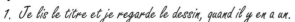

1. Je lis le titre et je regarde le dessin, quand il y en a un.
2. Je réfléchis et je me demande de quoi peut bien parler ce texte. J'anticipe, j'évoque.
3. Je lis le texte au complet. Est-ce que j'avais bien anticipé?
4. Je reprends ma lecture, un paragraphe à la fois. Je cherche l'idée principale et je la souligne avec un crayon de couleur.
5. Je cherche les mots que je ne connais pas. Je demande à Lucie de m'expliquer les mots que je ne comprends pas.
6. Je raconte dans mes mots ou je dessine ce que j'ai compris du texte.
7. Je suis maintenant prêt à répondre à un questionnaire sur ce texte.
8. Je lis chaque question et je souligne la consigne avec un crayon de couleur: par exemple, quoi, qui, comment, où, explique, penses-tu.

L'enfant prend conscience qu'il y a des réponses qui sont dans le texte et d'autres qui sont dans sa tête. Il est sécurisé dans sa démarche. Il sait où il va et il reçoit de l'aide. Ses efforts sont utiles dans sa démarche vers la connaissance.

À la fin d'une étape, il est important que l'enfant prenne conscience du développement de son habileté à lire. Je vérifie avec lui sa compétence en lecture. Il s'autoévalue à l'aide de sa feuille de route. Ensemble, nous déterminons le prochain pas à faire. (*Voir la «Feuille de route des habiletés et des attitudes en lecture» à la page 74.*)

Feuille de route des habiletés et des attitudes en lecture	réussit bien	réussit avec de l'aide	éprouve des difficultés
Habiletés à développer	◯	△	☐
1. Je reconnais les mots déjà vus et appris.	X		
2. Je me dépanne pour trouver un mot: par les sons, par le sens de la phrase ou du texte.		X	
3. J'utilise des ressources extérieures pour trouver le sens des mots que je ne connais pas (dictionnaire, ami, enseignante).	X		
4. Je repère des informations dans un texte.		X	
5. Je regroupe et j'organise des informations.			X
6. Je sélectionne les informations dont j'ai besoin pour réaliser un travail.	X		
Attitudes à observer et à développer	◯	△	☐
1. J'ai le goût de lire.	X		
2. Je lis tout ce qui est affiché en classe.		X	
3. J'apporte des livres à la maison.	X		
4. J'apporte des livres de la maison.		X	
5. J'utilise efficacement mon temps de lecture libre.	X		
6. Je présente mes découvertes en lecture.		X	

L'apprentissage de l'habileté à écrire se fait grâce à l'exploitation de différentes situations d'écriture, comme une bande dessinée, un livre d'histoires, une lettre pour répondre à une élève qui a déménagé, une carte de souhaits pour un ami malade, un texte pour raconter un rêve, etc. (*Voir la «Feuille de route en écriture».*)

L'enfant rédige de courts textes avec un minimum d'autonomie.	à partir de différentes intentions	VU
	à caractère expressif	
1. Un autoportrait		
2. Une carte	*Soigne-toi bien, Marco!*	X
3. Une lettre	*J'écris à Roxanne qui est déménagé à Contrecœur.*	X
4. Un message		
5. Un récit	*Un drôle de rêve.*	X
	à caractère incitatif	
6. Une affiche		
7. Une consigne		
8. Une invitation	*J'invite les amis de Clotilde à ma présentation.*	X
9. Un message		
10. Un règlement		
	à caractère informatif	
11. Une affiche		
12. Une nouvelle		
13. Un compte rendu d'un événement (visite, expérience…)		
14. Des renseignements	*J'écris des renseignements sur la chenille dans le livre «Savants en herbe».*	X
15. Un questionnaire		
	à caractère poétique ou ludique	
16. Une bande dessinée	*Mon petit chat s'est perdu.*	X
17. Une chanson		
18. Un conte	*La petite tortue qui est devenue géante.*	X
19. Un poème		
20. Une charade		

En situation d'écriture, l'enfant apprend à exprimer et à organiser ses idées. Il utilise sa connaissance de la syntaxe, du lexique, de l'orthographe d'usage et grammaticale. Selon l'intention de la production écrite, les enfants ont à développer certaines habiletés. Nous les déterminons ensemble et je les évalue avec eux à la fin de leur travail. Sur leur feuille de route, ils indiquent alors leur compétence. Les enfants prennent alors conscience de ce qu'ils savent et de ce qu'il leur reste à apprendre. Nous choisissons ensemble une habileté à travailler lors de la prochaine production écrite. (*Voir la «Feuille de route des habiletés en écriture».*)

Pour écrire, les enfants ont besoin de mots. Ils ne les connaissent pas tous. Dans la classe, plusieurs mots sont affichés: J'ai, J'avais, J'aime, Il y a, s'en va, s'en vont, beaucoup, etc. Tous les objets de la classe sont identifiés: mur, porte, tableau, craie, crayon, etc. Des pancartes de mots groupés par phonèmes sont fixées en haut des tableaux. Les enfants disposent aussi d'un cahier de vocabulaire où les mots sont regroupés par sons et par ordre alphabétique. Nous faisons aussi un dictionnaire collectif. Sur des cartons placés dans des enveloppes de plastique, j'inscris les lettres de l'alphabet et j'écris les mots des enfants au fur et à mesure qu'ils ont besoin d'en connaître l'orthographe. Petit à petit, les cartons se garnissent de mots et les enfants s'y réfèrent. C'est leur premier dictionnaire.

Les enfants ne peuvent pas écrire correctement tous les mots dont ils ont besoin. J'en tiens compte lorsque je vérifie leurs productions écrites. Mais ils doivent développer leur habileté à s'interroger sur la façon d'écrire tel mot et sur l'endroit où ils peuvent trouver comment il s'écrit. C'est l'objet de mon intervention. La recherche des mots ne doit pas devenir fastidieuse pour l'enfant, mais faire partie de son travail écrit. C'est une habitude à développer dans tout travail d'écriture. Plus l'enfant l'aura acquise jeune, plus il lui sera facile de poursuivre son cheminement en écriture. Quand l'enfant compose un texte, il fait un brouillon sur lequel il note toutes ses idées; il les organise et il vérifie ensuite son travail avec moi avant de le transcrire au propre. (*Voir la «Feuille de route des attitudes en écriture» à la page 78.*)

Feuille de route des habiletés en écriture	réussit bien	réussit avec de l'aide	éprouve des difficultés
Habiletés à observer	○	△	□
1. Je forme bien les lettres quand j'écris.	X		
2. Je laisse un espace entre les mots.		X	
3. J'utilise bien la majuscule et le point.			X
4. J'écris correctement les mots appris.		X	
5. Je vérifie l'orthographe d'un mot:			
— dans mon cahier de vocabulaire;		X	
— dans un dictionnaire;			X
— parmi les mots affichés en classe.	X		
6. Je construis des phrases structurées.		X	
7. Je choisis des informations et je les organise pour bien me faire comprendre.	X		
8. J'utilise des mots de relation: et, dans, mais, avec, parce que.			X
9. J'utilise des pronoms pour indiquer un lien entre deux phrases, lorsque c'est nécessaire.			X
10. Je compose un texte d'au moins cinq phrases dans un ordre logique et chronologique.	X		

Feuille de route des attitudes en écriture	réussit bien	réussit avec de l'aide	éprouve des difficultés
Attitudes à observer et à développer	○	△	□
1. J'ai le goût d'écrire.	X		
2. Je suis la démarche que l'on s'est donnée pour organiser mon travail:			
— je fais un brouillon;	X		
— je le vérifie avec Lucie;		X	
— je le transcris au propre.	X		
3. Je finis mes travaux et je les présente.		X	

Ensemble, nous élaborons une démarche d'écriture. Je l'écris sur un carton et je l'affiche en classe.

1. Je sais pourquoi j'écris.
2. Je réfléchis à ce que je veux écrire.
3. Je trouve le titre de mon texte.
4. J'écris toutes mes idées.
5. Je les place en ordre: début, milieu, fin.
6. Je vérifie cette partie de mon travail avec Lucie.
7. Je corrige mon travail avec les couleurs:
   a) je mets en rose les majuscules et les points;
   b) je mets en jaune les mots au pluriel;
   c) je mets en bleu le verbe dans les phrases et je l'attache à son sujet avec une flèche.
8. Je vérifie cette partie de mon travail avec Lucie ou avec un ami.
9. Je corrige les mots que j'ai utilisés en regardant dans mon cahier de vocabulaire ou dans un dictionnaire.
10. Je vérifie cette partie de mon travail avec Lucie ou avec un ami.
11. Mon travail d'écriture est maintenant prêt à être écrit au propre.

Mon intervention doit s'adapter à l'enfant, à ses acquis en écriture. Elle doit encourager l'enfant, le stimuler à présenter son travail. Une production écrite a un but. Elle s'adresse à quelqu'un. Tout est là. L'intérêt est le signifiant pour l'enfant. Il écrit pour communiquer. Il doit faire des efforts pour que sa communication soit propre, bien écrite et bien structurée. Quand il présente son travail en écriture, il s'attend à une réaction. Son travail peut être affiché ou envoyé à quelqu'un. Il peut être lu à d'autres classes. En témoignent les deux productions écrites suivantes.

À la suite d'une visite à l'animalerie, les enfants rédigent un court texte qui fera partie d'un album-souvenir, qui sera placé dans le coin de lecture.

Les aventures de Coco

Il y a un perroquet à l'animalerie. Il s'appelle Coco. Il est tannant. Il est sur une branche. Il s'échappe, on essaie de le rattraper, mais ça prend beaucoup de temps avant qu'on l'attrape. Il y a des voleurs à l'animalerie, mais Coco sait parler, il appelle le système d'alarme. Quand il y a des voleurs, il crie. Pas un voleur ne peut entrer dans l'animalerie.

Nicolas, 7 ans

Hélène raconte ce que son équipe a fait lorsqu'ils sont allés travailler avec les amis de Clotilde dans leur classe.

Le bricolage

Une fois, je suis allée dans la classe de Clotilde. On a fait du bricolage. Moi j'ai bricolé une femme qui fait du ballet classique. Martin a fait un arbre et Jean-Sébastien un cuisinier. Éric a fait des cercles avec des ronds de couleur collés dessus. Marie-Claude a fait la nuit pleine d'étoiles. Simon a fait une maison et un bonhomme. Sébastien a fait un clown. Et j'ai été heureuse avec les amis de Clotilde.

Hélène, 7 ans

Les objectifs de mathématiques sont aussi présents dans notre vécu quotidien. Chaque matin, nous continuons à planifier notre journée ensemble.

- Quel jour sommes-nous?
- Quelle date?
- Quel mois?
- Combien y a-t-il de jours dans la semaine?
- Combien en reste-t-il?
- Quel mois de l'année sommes-nous?
- En quelle saison?
- À quelle heure a lieu le cours d'éducation physique?
- Peux-tu indiquer l'heure avec les aiguilles sur le cadran?
- Y a-t-il des absents aujourd'hui? Combien?
- Combien sommes-nous dans la classe?
- Combien de filles, de garçons?
- Combien de berlingots de lait faut-il ce matin?

L'enfant, en s'éveillant au concept du temps, en s'interrogeant et en cherchant à se situer, fait des apprentissages reliés à la réalité du monde qui l'entoure. En calculant et en cherchant une solution à un problème concret, il exprime la réalité de son vécu.

Aussi dans le coin d'observation, les collections nous permettent de classer et de faire des histogrammes. Nous composons des problèmes, nous cherchons des solutions. Nous dessinons des réponses, nous écrivons des phrases mathématiques. Nous faisons correspondre le plus, le moins, égale, combien de plus et combien de moins. Par exemple, Martine a 24 macarons dans sa collection, et Sébastien a 45 cartes de hockey. Simon dit qu'il a 10 coquillages de plus que Martine et 11 de moins que Sébastien. Combien Simon a-t-il de coquillages? Si on étendait les trois collections par terre, l'une à côté de l'autre, laquelle serait la plus longue? la plus courte? Pourquoi? Peux-tu les mesurer? Quelle unité de mesure utiliserais-tu pour les mesurer: mètre, décimètre, centimètre?

Pour aider les enfants à prendre conscience de leurs apprentissages et pour nous apprendre à faire ressortir les concepts mathématiques liés à nos activités, je place sur le tableau des cartons blancs; chaque jour, avec l'aide des enfants, j'y inscris les apprentissages mathématiques effectués dans les travaux individuels, les ateliers, les travaux d'équipe et les réalisations collectives.

À la fin de la semaine, les enfants se réfèrent aux objectifs mathématiques inscrits sur les cartons pour indiquer sur leur feuille de route où ils sont rendus dans la compréhension de ces objectifs. Ils prennent conscience du chemin parcouru et de ce qu'il leur reste à apprendre. Cette feuille de route me permet de situer l'enfant dans son cheminement. Elle m'aide au moment de l'évaluation de ses apprentissages à la fin d'une étape. Je sais ainsi ce que chacun réussit bien, réussit avec de l'aide et où chacun éprouve des difficultés. Je modifie et j'ajuste ma planification et mon intervention afin de répondre aux besoins de chacun des enfants. (*Voir la «Feuille de route en mathématiques» à la page 82.*)

Je suis attentive à ce que la notion mathématique soit reliée aux activités de la classe ou à l'expérience de l'enfant par l'objectivation. Je ne me sens pas obligée d'utiliser régulièrement un cahier d'activités, mais le manuel a tout de même sa place, car il permet à l'enfant de consolider ses apprentissages.

Je vise le développement de la pensée mathématique dans la résolution de problèmes. J'ai recours à la manipulation pour permettre à l'enfant de comprendre les opérations mathématiques. Chaque enfant possède un sac contenant des unités, des dizaines et des centaines. Mon observation des élèves durant la manipulation me permet de vérifier leur compréhension des différentes opérations et le développement de leurs habiletés mathématiques.

Grâce à la manipulation, l'enfant construit sa compréhension. Il développe l'habileté à *structurer* en devenant capable d'associer, d'organiser, de classer, d'ordonner, de décrire, de comparer, de grouper, de sérier, de compléter, d'énumérer, etc. Il développe aussi l'habileté à *effectuer des opérations* en devenant capable de réunir, d'ajouter, de retrancher, de multiplier, de diviser, d'estimer, de transformer, de décomposer, de construire, de tracer, de dessiner, etc. Il devient enfin habile à *mathématiser* en étant capable de symboliser, de lire, d'écrire, de représenter, de transposer, d'illustrer, de schématiser, de mesurer, etc. En mathématiques, laisser le temps à l'enfant d'organiser ses connaissances est loin d'être du temps perdu.

	réussit bien ○	réussit avec de l'aide △	éprouve des difficultés □
Les nombres naturels			
Se familiarise avec les caractéristiques de la numération.			
1. Je lis et j'écris les nombres de 0 à 100.		X	
2. J'établis l'ordre croissant et décroissant des nombres de 10 à 100.	X		
3. Je compose et décompose les nombres jusqu'à 100.	X		
4. Je trouve les nombres qui viennent avant, après et entre deux nombres de 0 à 100.		X	
5. Je connais les nombres pairs et impairs de 0 à 100.			X
6. Je réalise des progressions par odre croissant et décroissant:			
a) bonds de 2, 5, 10, de 0 à 100;	X		
b) bonds de 3, 4, de 0 à 30;			
c) bonds de 10 jusqu'à 100 à partir de différents nombres.	X		
7. Je trouve le rang d'un nombre dans un ensemble.		X	
8. Je trouve la valeur des nombres: position des dizaines et des unités.			X
9. Je compare deux nombres à l'aide de symboles (<, >, =).		X	
10. J'effectue des suites de nombres avec une ou deux différences.			X
11. Je transforme la valeur d'un nombre en ajoutant ou en enlevant des dizaines ou des unités (0 à 100).			X
Reconnaît le sens des opérations d'addition et de soustraction.			
12. J'effectue mentalement et par écrit les complémentaires de 0 à 19.		X	
13. J'additionne sans ou avec retenue (la somme ne dépassant pas 100).			
14. Je soustrais sans emprunt (le premier terme inférieur à 100).	X		
15. J'écris l'opération mathématique d'un problème écrit.			X
Géométrie			
1. Je résous des problèmes comportant des chemins simples et non simples, des régions intérieures et extérieures et des frontières.		X	
2. Je classe un ensemble d'objets selon leurs formes.	X		
3. J'associe des solides à des objets du milieu.	X		
4. Je construis des solides avec le matériel approprié.		X	
5. Je décris des solides d'après leurs faces, leurs sommets et leurs arêtes.			X
6. Je trouve des objets s'appariant à diverses figures géométriques: carré, rectangle, triangle, cercle.			
7. Je construis le carré, le rectangle, le triangle, le cercle.	X		
8. Je trouve les axes de symétrie dans une figure.	X	X	
9. Je bâtis un histogramme à bandes.		X	
10. J'utilise un tableau cartésien.		X	
Mesure			
1. J'estime et mesure la longueur d'un objet en unités non conventionnelles.	X		
2. Je compare la longueur d'un objet au décimètre.		X	
3. Je choisis l'unité de mesure la plus appropriée (mètre, décimètre ou centimètre) pour mesurer la longueur d'un objet.		X	
4. Je note le résultat d'une mesure de longueur en utilisant les symboles suivants: m, dm et cm.		X	
5. Je gradue un mètre avec un objet ayant une longueur d'un centimètre.		X	
Des attitudes mathématiques à développer			
1. Je cherche des moyens personnels pour résoudre des problèmes.		X	
2. Je travaille en équipe; j'écoute les idées des autres; je donne mon opinion.	X		
3. Je travaille avec enthousiasme.		X	
4. Je travaille avec ordre; je présente des travaux propres.	X		

Je décode les apprentissages du coin d'observation avec les enfants

Le coin d'observation que nous avons mis en place à l'automne s'est enrichi. Les enfants ont apporté des insectes, des cailloux, des coquillages, etc. Il est temps pour moi de les questionner sur ce que nous allons faire avec tout ce qu'ils ont apporté.

Je leur demande:

«Que peut-on faire avec toutes ces choses?
— On peut se renseigner pour les connaître plus.
— On peut faire du bricolage.
— On peut les observer avec une loupe.
— Je vais apporter mon microscope. On pourrait les examiner.
— On peut faire des expériences avec les insectes. Savoir combien de temps ils vivent, ce qu'ils mangent.
— Moi, Lucie, j'ai un livre sur les insectes. Il y a beaucoup de renseignements dedans. Je vais l'apporter.»

Le lendemain, Caroline apporte son livre dans lequel on explique comment aménager un environnement pour une chenille que l'on veut observer. Une équipe est intéressée à réaliser cet environnement. Nous trouvons une boîte de carton, du sable, des plantes, un peu d'eau. À l'aide des informations du livre, ils réussissent à organiser l'habitat de la chenille. Les enfants de l'équipe se nomment un responsable qui écrira chaque jour, dans le journal des *Savants en herbe*, les observations faites sur la vie de la chenille dans son habitat.

Le lundi 20 novembre, la chenille est toujours dans sa boîte; elle se promène et cherche à manger.

Le mardi 21 novembre, Denis a vu que la chenille commençait à se faire un cocon.

Le mercredi 22 novembre, Mélanie a apporté des feuilles fraîches pour la chenille.

Le jeudi 23 novembre, la chenille ne bouge pas. Elle ne mange pas. Elle doit dormir...

Une autre équipe classe les cailloux et les coquillages, et les place dans des pots qu'ils étiquettent. Hugo apporte des grains d'avoine. Nous décidons de les semer un jeudi matin. Quelle surprise de voir que l'avoine a germé, le lundi matin! Je leur demande de mesurer de combien de centimètres elle a poussé. Comment peut-on savoir de combien de centimètres elle va pousser à chaque jour? Je leur montre la technique de l'histogramme.

J'observe l'avoine qui pousse et je la mesure chaque semaine

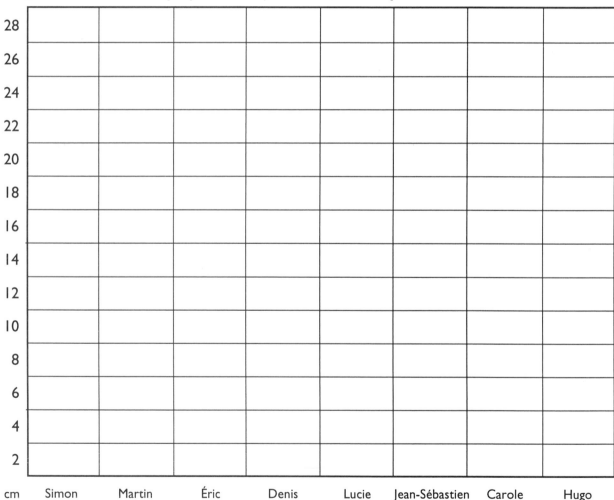

Légende: 1re semaine: je colore en bleu.
2e semaine: je colore en rouge.
3e semaine: je colore en vert.

Julie décide de faire du bricolage avec différents matériaux du coin d'observation. Son travail rejoint l'objectif en arts plastiques: sensibiliser l'enfant à utiliser divers matériaux (végétaux et minéraux). Elle utilise de l'avoine pour faire du sable, des pierres qu'elle agence pour donner la forme d'une personne, des bouchons de bouteille alignés pour faire des bancs, des petits cailloux de couleur pour faire des graines de fleurs et un autre bouchon de bouteille placé plus loin pour faire une fontaine. Elle écrit:

Le sable chaud

Le petit garçon joue dans le sable.
Le sable est chaud pour les pieds.
Il plante des graines dans le sable.
Il s'assoit sur un banc mais le banc est chaud.
Le sable est chaud. Tout est chaud.
Il va boire à la fontaine.

Julie, 7 ans

À la fin de cette journée, l'évaluation porte sur les activités réalisées dans le coin d'observation.

Je demande aux enfants:

«Qu'est-ce que nous avons appris?

— Nous avons lu sur les insectes.

— Nous avons écrit dans le journal.

— Nous avons composé un texte pour décrire un bricolage.

— Nous avons présenté nos bricolages.

— Nous avons mesuré l'avoine.

— Nous avons fait un histogramme.

— Nous avons organisé un environnement pour une chenille et nous avons observé la chenille.

— Nous avons classé des cailloux et des coquillages.

— Nous avons bricolé avec différents matériaux que nous avions trouvés: feuilles, tiges, cailloux, sable.»

Je réalise qu'écouter les enfants et faire appel à leurs idées les motive et donne un sens à leur travail. Ils se sentent engagés dans leurs apprentissages. Leur intérêt est tangible; nous le ressentons de part et d'autre. Cela me rend très heureuse.

Je suis attentive au développement des habiletés et des attitudes

Dans ma démarche d'appropriation des programmes du M.É.Q., je me suis rendu compte de l'importance que l'on doit accorder au développement des habiletés et des attitudes chez les enfants. J'apprends avec eux à les décoder par le biais des activités d'apprentissage quotidiennes. Je les questionne. Pour ce faire, j'utilise différentes questions d'objectivation selon les situations:

- Quels moyens as-tu utilisés pour apprendre?
- As-tu eu besoin d'aide?
- Qui t'a aidé? Comment t'a-t-il aidé?
- Es-tu capable d'expliquer ce que tu as appris?
- Que sais-tu le mieux faire?
- En quoi es-tu plus habile?
- As-tu utilisé des stratégies?

- As-tu eu besoin de manipuler?
- As-tu fait un plan?
- Quelle a été ta démarche dans ton projet?
- As-tu pu réaliser ton projet?
- As-tu trouvé les informations dont tu avais besoin?
- Comment te sentais-tu pendant ton travail?
- As-tu coopéré avec les autres?

J'écris leurs réponses sur des cartons que j'affiche bien en vue. Nous nous y référons souvent lors de l'évaluation des activités d'apprentissage. Au fur et à mesure que s'accroît notre facilité à décoder le développement des habiletés et des attitudes dans nos activités d'apprentissage, les tableaux se remplissent. (*Voir le «Tableau des habiletés et des attitudes».*)

Les enfants s'habituent à réfléchir avec moi au développement de toute leur personne. Plus tard, je leur demanderai de déterminer les connaissances, les habiletés et les attitudes qu'ils ont acquises dans leurs activités d'apprentissage. (*Voir le tableau «Je décris ce que j'ai appris».*)

Tableau des habiletés et des attitudes

Je développe des habiletés	Je développe des attitudes
Je dessine mieux.	Je suis fier de moi.
Je forme bien les lettres quand j'écris.	Je travaille seul.
Je crée mes dessins.	Je finis un travail.
Je découpe bien.	Je suis responsable.
Je trouve les bons mots.	Je pense à ce que j'ai à faire et je le fais.
Je comprends les règles d'un jeu.	Je suis un bon chef.
Je trouve beaucoup de réponses.	J'écoute les idées des autres.
Je suis bien les lignes quand j'écris.	J'aide mon équipe.
Je vérifie mon texte avec Lucie.	J'accepte de perdre.
Je réfléchis.	J'essaie de gagner.
Je trouve des stratégies.	Je discute des gestes et des paroles qui me font
J'organise mon travail.	mal.
Je manipule en suivant le texte.	Quand je n'ai pas réussi, j'essaie encore.
Je suis mon plan de la journée.	Je pense aux autres.
J'exprime mes idées.	Je suis travaillant.
Je montre aux autres ce que je sais.	Je suis chercheur.
J'explique ma démarche.	Je suis intéressé.
Je prépare mes questions.	Je suis patient.
Je cherche les informations dont j'ai besoin.	J'aime venir à l'école.
Je sais faire une interview.	
Je présente mon travail.	
Je sais chercher dans le dictionnaire.	
Je peux repérer un endroit sur le globe terrestre.	
Je réussis des expériences.	

Je décris ce que j'ai appris

Nom de l'activité	Mes connaissances	Mes habiletés	Mes attitudes
Je présente un sketch sur les fleurs avec mon équipe. Véronique Valérie Amélie Karine	J'ai appris qu'il y avait des roses de plusieurs couleurs. J'ai appris quels soins il faut donner aux fleurs. Je connais plusieurs fleurs: le dahlia, l'œillet, le pétunia, le bégonia. Il y a des fleurs vivaces et des fleurs annuelles.	Je suis capable de trouver des livres sur les fleurs. Je cherche des renseignements sur les fleurs. Je choisis les fleurs que je veux présenter. Je compose un texte de six phrases. Je crée mon costume. Je pratique mon rôle pour bien le jouer.	Je travaille en équipe. J'aide mon équipe. Je donne des idées. Je fais des efforts. Je joue bien mon rôle de fleur.

J'adapte mon intervention à la démarche de l'enfant

La vie dans ma classe est stimulante et enrichissante. Les enfants sont intéressés. Ils aiment apporter des objets et des travaux de la maison. Quelquefois j'hésite à les laisser présenter ce qu'ils apportent, mais j'observe l'écoute des autres enfants et leur attention me prouve qu'ils sont intéressés et qu'ils apprennent.

L'enfant exploite ses talents sans limites. C'est incroyable tout ce que les enfants organisent en dehors de la classe et ils sont tellement fiers de me le montrer. Mon intervention transforme ce vécu en sources d'apprentissage. En voici un exemple.

En février, Simon apporte un travail sur la vache qu'il a fait à la maison. Il a fait un beau dessin et il a copié au dos du dessin la description du dictionnaire: mammifère ruminant qui peut vivre jusqu'à 25 ans et peser jusqu'à 1250 kilos. J'hésite à lui laisser présenter son sujet, car cela me semble difficile à comprendre pour des élèves de 2e année. Mais je le laisse quand même faire. Les enfants n'ont tout d'abord rien compris et ils demandent à Simon de recommencer. De nouveau, ils ne comprennent pas.

Je demande alors à Simon s'il trouve que c'est pesant 1250 kilos. Il ne sait pas. Je lui demande comment il pèse et il dit 40 kilos. Je demande à Yannick d'écrire 40 au tableau et je demande aux élèves combien il faut de Simon pour arriver à égalité avec la vache de 1250 kilos. Yannick dessine des «Simon» et écrit en dessous 40 kilos. Nous comptons par 40.

40   40   40   40   40 / 40   40   40   40   40

40   40   40   40   40 / 40   40   40   40   40

40   40   40   40   40 / 40   40   40   40   40

40

Il reste 10 kilos. Comment compter facilement? Nous faisons des regroupements; ça se compte bien par 200.

Nous poursuivons: la vache peut vivre jusqu'à 25 ans. Et nous? Les enfants disent l'âge de leurs grands-pères: l'un a 65 ans, un autre a 72 ans, un autre, 81 ans et un autre, 90 ans. Ils comparent, calculent, enlèvent, ajoutent. Les enfants prennent conscience que la présentation de Simon les a fait énormément calculer. Nous revenons à la phrase de Simon: «Qu'est-ce que c'est un mammifère?» Les explications des enfants fusent et s'en-chaînent; ils trouvent rapidement la réponse:

«C'est un animal.
— Qui a des bébés.
— Qui prend soin de son bébé.
— Qui le nourrit.
— Avec quoi?
— Avec son lait.»

Et voilà la description d'un mammifère découverte par les enfants.

«Et ruminant, qu'est-ce que cela veut dire?»

Au début les enfants ne le savent pas. J'insiste et je fais appel à leur expérience.

«Avez-vous déjà vu des ruminants dans un champ? Qu'est-ce que ça fait?
— Ça mange de l'herbe.
— Et après?
— Ça mange beaucoup d'herbe.
— Pourquoi?»

Un enfant apporte l'élément important:

«Une vache, ça mange beaucoup parce que ça a quatre estomacs.
— Après avoir mangé, qu'est-ce que ça fait?
— Ça mâche longtemps.
— On dit: ça rumine. Pourquoi?
— Ça fait remonter l'herbe dans sa bouche et ça la mâche encore.
— Exactement comme nous, quand nous ruminons. Quand quelque chose nous tracasse, nous essayons de le "digérer"...»

Quand je repense à ce fait, je me dis que la présentation de Simon m'a permis de développer mon habileté à intervenir. J'ai fait jaillir la lumière dans l'esprit des enfants. J'ai été l'instigatrice des liens qu'ils ont établis pour comprendre. Tout cela, à partir d'une présentation traditionnelle que je trouvais peu intéressante au départ. Je réalise davantage l'importance d'utiliser les intérêts des enfants!

Je vis un projet thématique avec les enfants

Je veux maintenant vérifier si les enfants sont prêts à travailler plus longtemps sur un même sujet et s'ils sont capables d'un travail en équipe plus structuré. Dans la collection «Et si on lisait ...», un petit livre intitulé *Am, Stram, Gram*[3] sert de déclencheur à un projet thématique, «Moi, mon corps», que nous travaillerons pendant trois semaines. Ce petit livre, en présentant les parties du corps, incite les enfants à parler d'eux-mêmes et à raconter différentes aventures qui leur sont arrivées: fractures, plâtre, opérations, etc. Et voilà le grand papier blanc fixé au tableau pour recueillir tous les mots. Des parties du corps sont connues, d'autres moins. Ils cherchent dans des livres. Ils en apportent de chez eux, des encyclopédies que les parents prêtent avec le message d'y faire attention.

Le projet thématique «Moi, mon corps» s'amorce et porte sur les cinq sens, les parties du corps, ce que nous mangeons et comment nous prenons soin de notre corps.

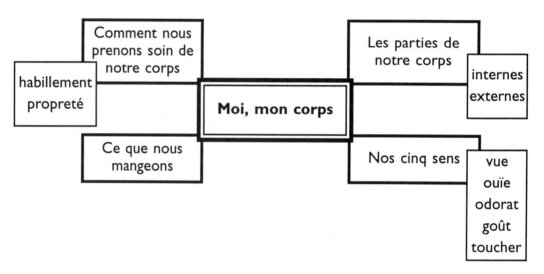

Les habiletés que je veux développer chez les enfants sont:

- l'organisation d'un travail en équipe;
- la planification d'un projet personnel;
- la réalisation d'une activité d'apprentissage;
- la présentation d'un travail en équipe;
- l'évaluation des différents apprentissages: connaissances, habiletés et attitudes.

L'évaluation se fera de différentes façons:

- l'enfant s'autoévalue;
- l'enfant est évalué par ses pairs;
- l'enfant est évalué par moi.

Chaque équipe aménage son coin et affiche le sujet qu'elle a choisi. Puis, les enfants se demandent:

---

3. Yolande TREMBLAY et Suzanne ROY. *Am, Stram, Gram,* Boucherville, Les Éditions françaises, coll. «Et si on lisait…».

- Que voulons-nous apprendre dans notre projet?
- Qu'est-ce qui nous intéresse?
- Quelles sont nos questions?

Pour composer leurs questions, ils ont besoin de mots clés. Je fixe un grand papier blanc au tableau et j'y inscris les mots nécessaires à la formulation des questions: Pourquoi? Quand? Comment? Où? Est-ce que? Combien? Est-ce qu'il...? Qu'est-ce que? Ensemble, nous composons quelques questions. Les enfants observent le point spécial à la fin de chaque question. Une explication est nécessaire puisque chaque équipe aura à utiliser la forme interrogative. Par la suite, chaque équipe écrit ses questions, les vérifie avec moi, les transcrit proprement et les affiche dans son coin.

Je donne l'exemple de l'équipe de Marie-Claude qui a choisi «Les bons aliments». À l'aide d'une trousse fournie par le ministère de l'Éducation, lors d'un atelier que j'ai suivi sur la nutrition, cette équipe a élaboré son projet. Les enfants ont aussi apporté des réclames publicitaires des épiceries que l'on trouve dans les journaux. Voici leurs questions:

- Pourquoi mange-t-on toutes sortes d'aliments?
- Est-ce que tous les aliments sont bons pour la santé?
- Qu'est-ce qu'une bonne collation?
- Pourquoi les légumes nous font-ils grandir?

Et c'est la recherche des réponses à leurs questions. Les enfants lisent, observent, réfléchissent, classent et cherchent comment organiser leurs découvertes. Ils apprennent énormément et ont hâte de partager leurs nouvelles connaissances. Nous réfléchissons ensemble sur les différentes façons de présenter nos réponses. Nous pouvons les lire, les dire, les écrire, les montrer, composer une comptine, une histoire, une chanson, faire un dessin, du bricolage, une devinette, nous déguiser, mimer, danser, jouer une pièce de théâtre, inventer un jeu, faire un sketch, utiliser des marionnettes, faire un diagramme.

Chaque équipe choisit une présentation qui correspond à ses goûts et à ses besoins. Les enfants planifient ensemble leur présentation et se partagent les différentes tâches à exécuter. Ils s'entraident pour réaliser l'activité d'apprentissage qu'ils veulent présenter à toute la classe.

Par exemple, l'équipe qui a choisi de travailler sur «Les bons aliments» présente des aliments qu'elle a dessinés ou découpés et demande aux autres enfants de les placer dans un tableau qu'elle a préparé et qui comprend les quatre groupes d'aliments.

Viande et substituts	Pain, céréales, pâtes	Fruits et légumes	Lait et produits laitiers	Autres aliments

L'équipe a prévu une colonne pour les autres aliments, ceux qui ne sont pas considérés comme de bons aliments. Elle recommande d'en manger le moins souvent possible.

Lors de l'évaluation de cette présentation, une suggestion ressort et semble appréciée de tous: Pourquoi l'équipe n'organise-t-elle pas une dégustation de bons aliments? L'équipe donne son accord, mais demande que tout le monde apporte un aliment. L'intérêt est très fort pour cet aspect «dégustation». Audrey a alors une idée de génie! Comme le lendemain est une journée d'ateliers, pourquoi ne pas faire justement un atelier-dégustation? Ainsi, toutes les équipes pourront préparer une dégustation! L'idée est accueillie avec enthousiasme.

Le lendemain, j'inscris au programme de notre journée d'ateliers un atelier-dégustation. Chaque équipe dispose de 30 minutes pour préparer sa dégustation. Avant de les faire goûter, l'équipe présente ses aliments, indique dans quelle catégorie ils se retrouvent et, si elle en est capable (sinon je l'aide), dit ce que l'aliment procure au corps pour le maintenir en bonne santé. Cette activité met fin à notre projet «Moi, mon corps».

Lors de l'évaluation, je questionne les enfants pour vérifier ce que le vécu de ce projet thématique leur a permis d'apprendre.

- Est-ce qu'ils connaissent mieux leur corps? Qu'est-ce qu'ils savent maintenant qu'ils ne savaient pas avant?
- Peuvent-ils nommer les groupes d'aliments?
- Peuvent-ils dire ce qu'ils apportent au corps?
- Se sentent-ils plus responsables de leur alimentation?
- Se sentent-ils plus capables de planifier et d'organiser une présentation?
- Sont-ils plus habiles à travailler en équipe?
- Durant leur présentation, étaient-ils heureux, gênés, détendus, contents ou mal à l'aise?
- Je prends conscience de ce que je dois travailler avec chacun d'eux: confiance en soi, responsabilité, débrouillardise, notion d'apprentissage.
Leurs réponses complètent mes observations et me permettent d'adapter mon intervention pour leur apporter l'aide dont ils ont besoin pour continuer à se développer harmonieusement.

Où sommes-nous rendus à la fin de l'hiver?

Nous avons pris conscience de l'importance de travailler les différents volets des programmes, soit les attitudes, les habiletés et les connaissances. Nous sommes attentifs à les intégrer à ce qui se passe, quand cela se passe, à ce que nous faisons et à ce que nous vivons. De plus, les enfants participent aux évaluations et sont capables de s'autoévaluer. Ils nomment ce qu'ils apprennent et ils inscrivent leurs apprentissages dans leur cahier. Ils sont curieux; ils sont intéressés à apprendre. Ils ont appris à mettre leurs talents en commun dans un projet thématique. Ils ont aussi appris à utiliser une démarche pour développer leurs habiletés en lecture et en écriture. Enfin, nous avons travaillé et partagé nos idées avec d'autres élèves de l'école; nous nous connaissons mieux, nous sommes fiers de nous, nous sommes bien ensemble. Nous avons plein d'idées et nous voulons aller plus loin. (*Voir la page 94.*)

Où suis-je rendue à la fin de l'hiver?

1. Qu'est-ce que j'ai modifié dans ma pratique éducative?

2. Quels sont les changements que j'observe chez moi?

chez les enfants?

3. Quelles seront mes prochaines actions dans ma démarche de croissance pédagogique?

Vous poursuivez votre cheminement. Vous vous regardez vivre dans votre classe. Quelles sont vos questions en cette saison du PRINTEMPS?

Que se passe-t-il quand je suis en train d'apprendre?

Comment l'enfant apprend-il?

Comment puis-je intervenir pour aider l'enfant à apprendre vraiment?

L'enfant sait-il ce qui se passe en lui quand il apprend?

Comment aller chercher l'intérêt des enfants?

Que développent les enfants quand ils vivent un projet?

Comment motiver un enfant à apprendre?

Comment aider l'enfant à objectiver un apprentissage?

Notre cheminement de printemps

Nous voilà au printemps. Cette saison a été la plus importante dans notre cheminement. Nous voulions que l'enfant s'engage dans son acte d'apprendre et qu'il puisse intégrer ses nouvelles connaissances à son expérience. La lecture du livre, *L'appropriation de soi*[1] de Pierre Angers, nous a permis de nous interroger sur l'acte d'apprendre. Que faisons-nous quand nous voulons apprendre, comprendre? Nous avons d'abord fait l'exercice d'entrer en nous-mêmes pour nous observer et découvrir les opérations que nous effectuons lorsque nous apprenons. Le «schème des opérations de la conscience intentionnelle», dont nous reparlerons plus loin, a été pour nous un outil indispensable à notre réflexion dans notre recherche de compréhension de l'acte d'apprendre.

Nous avons cherché à raffiner notre intervention en éveillant l'intérêt des enfants et en suscitant des questions, des idées, des actions, des démarches et des découvertes qui ont un sens pour eux. Nous avons engagé avec les enfants, par des questions d'objectivation, un dialogue pédagogique leur permettant de s'interroger, de mieux comprendre, de juger, d'intégrer leurs apprentissages et de se sentir responsables.

C'est par le vécu du projet d'intégration que nous avons traduit dans notre pratique nos réflexions sur l'acte d'apprendre[2]. «Le projet d'intégration est à la fois un projet collectif et un ensemble de projets individuels effectués au sein d'un champ de connaissances déterminées[3].» Le projet d'intégration a permis aux enfants d'apprendre à leur rythme et d'intégrer différentes disciplines lors d'un projet collectif. En nous appuyant sur le «schème des opérations de la conscience intentionnelle», nous pouvions centrer notre intervention sur les opérations que fait l'enfant pour apprendre.

Pendant cette troisième saison, Louise vous fait part de son cheminement pour vous permettre de mieux comprendre le rôle de l'intervention dans l'acte d'apprendre de l'enfant, et vous propose sa réflexion sur l'acte d'apprendre et les moyens qu'elle a développés pour être un guide pour l'enfant qui apprend. Vous pourrez vous inspirer d'une démarche de projet d'intégration[4], vécue dans la classe de Lucie, pour créer à votre tour votre propre démarche d'intervention afin d'aider l'enfant à construire ses apprentissages et à se sentir responsable de ses choix.

---

1. Pierre ANGERS et Colette BOUCHARD. *L'appropriation de soi,* Montréal, Bellarmin, coll. «L'activité éducative – Une théorie, une pratique», 1986.
2. Pierre ANGERS et Colette BOUCHARD. *La mise en œuvre du projet d'intégration,* Montréal, Bellarmin, coll. «L'activité éducative – Une théorie, une pratique», 1984.
3. *Id., ibid.,* p. 17.
4. *Id., ibid.*

Le printemps de Louise

Un temps pour comprendre ce qui se passe lorsqu'on apprend

Je suis persuadée que ni les manuels ni les programmes ne peuvent remplacer mon intervention dans l'acte d'apprendre de l'enfant. Je suis un guide pour l'enfant qui apprend.

Je réfléchis à ma manière d'apprendre

À cette étape de mon cheminement, il est important de réfléchir à l'acte d'apprendre. Je suis habile à décoder les apprentissages des différents programmes et je veux que mon intervention tienne davantage compte de la démarche d'apprentissage de l'enfant. Je veux savoir ce qui se passe quand j'apprends pour être capable d'aider l'enfant qui apprend. Apprendre me semble être un acte d'engagement et mes expériences d'intervention me le démontrent. Quand l'enfant est intéressé, il est motivé et il se pose des questions. Rien ne semble vouloir l'arrêter; il est engagé dans ce qu'il fait. Dans ma classe, tous les enfants ne sont pas intéressés de la même façon et bien souvent, je ne sens pas cette flamme qui les anime quand le désir d'apprendre et de s'engager est présent. C'est donc en me regardant apprendre et en faisant un retour sur mes expériences d'apprentissage antérieures que je pourrai me donner les outils pour guider l'enfant dans sa démarche d'apprentissage.

Je me rappelle mes premières expériences d'apprentissage. Il ne me suffisait pas de maîtriser par cœur la technique d'utilisation de ma nouvelle bicyclette pour être capable de m'en servir adéquatement dès la première fois. Il en a été de même lorsque j'ai appris à conduire mon automobile. Les cours théoriques ne m'ont pas permis de croire que je savais conduire. J'ai passé de nombreuses heures à pratiquer, à me tromper, à essayer de nouveau, avant de me dire: «Je suis capable et maintenant je sais bien conduire mon auto.»

Lorsque j'ai commencé à enseigner, je prenais beaucoup de temps à planifier et à préparer mes stratégies pour intéresser les enfants. En situation pratique avec eux, je devais souvent me réajuster, recommencer en fonction de leur vécu et je me disais: «L'année prochaine, je vais m'y prendre autrement.» C'est Einstein qui a dit: «En apprentissage, toute connaissance du réel commence par l'expérience et se termine par l'expérience.»

À cette étape de mon cheminement, il est nécessaire de me mettre à l'étude et d'aller chercher des réponses à mes questions. Que se passe-t-il en moi lorsque j'apprends? J'étudie le «schème des opérations de la conscience intentionnelle» de Pierre Angers[5]. Ce schème met en évidence les quatre niveaux d'opérations chez celui qui apprend, soit les niveaux de l'expérimentation, de la compréhension, du jugement et de la décision. Je tente de comprendre les opérations de chacun des niveaux dans le but de saisir la dynamique intérieure qui incite la personne à apprendre. (*Voir la figure «Schème des opérations de la conscience intentionnelle».*)

Mes observations me font découvrir que le désir d'apprendre se développe lorsque la personne commence à se poser des questions par rapport à un ensemble de données, à la suite d'une situation d'exploration faisant appel à une expérience vécue sur le plan des sensations, des émotions, de l'imagination et des perceptions. C'est le niveau de la connaissance empirique.

---

5. L'enseignante qui désire approfondir ce modèle trouvera dans la bibliographie plusieurs ouvrages de Pierre Angers. Mentionnons tout particulièrement *L'appropriation de soi.*

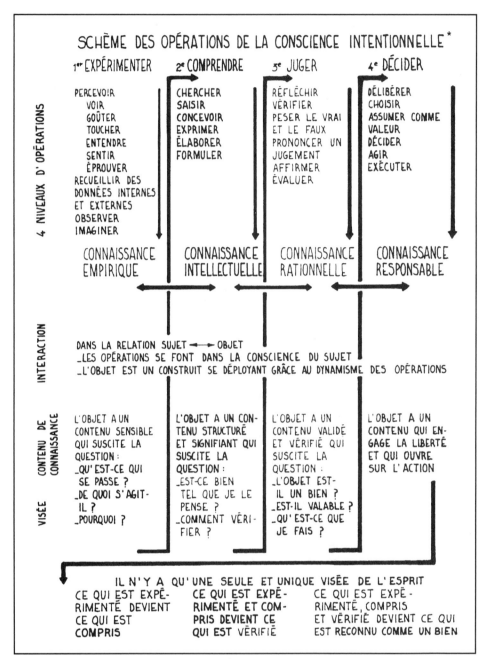

Ce désir de connaître amène la personne à se poser des questions, à chercher des réponses, à vouloir comprendre. La personne fait appel à des opérations de compréhension: vouloir résoudre, chercher à mieux saisir pourquoi cela se passe ainsi. C'est le niveau de la connaissance intellectuelle. La personne développe son intuition, elle essaie de comprendre, elle conçoit, elle élabore des concepts, elle exprime dans ses mots ce qu'elle comprend.

Pour aller plus loin dans sa compréhension, elle se pose la question: «Est-ce vraiment cela?» Elle ressent alors le besoin de vérifier, d'approfondir sa connaissance. C'est le niveau de la connaissance rationnelle. Elle réfléchit davantage, elle approfondit sa réflexion, elle cherche à prouver, par des données concrètes, ce qu'elle croit bien maîtriser. Elle formule un jugement et elle se met en situation de confrontation par rapport à son savoir. Elle est alors en mesure d'affirmer qu'elle connaît, qu'elle sait.

Par la suite, elle examine son désir de poursuivre dans l'action, d'accomplir, de faire. Elle décide des gestes qu'elle va poser. C'est le niveau de la connaissance responsable. Elle fait des choix. Elle prend des décisions et les exécute; elle communique, elle agit, elle se transforme et elle s'engage. Nous parlons ici d'un apprentissage authentique. Selon Carl Rogers[6], un apprentissage authentique est cette forme d'apprentissage qui place la personne en situation d'apprendre par elle-même et exige son engagement actif et inconditionnel dans le processus de son apprentissage. Elle est l'agent principal de sa croissance intérieure. Il est important pour moi de vérifier: «Est-ce bien cela qui se passe en moi quand j'apprends?»

Que se passe-t-il en moi quand je suis en train d'apprendre?

Pour m'aider à comprendre et pour être consciente des opérations que je fais pour apprendre, je fais appel à mon expérience personnelle: j'analyse une situation d'apprentissage déjà vécue et je vérifie ce qui se passe en moi quand je suis en train d'apprendre.

Mon apprentissage de la nage

Je me rappelle d'un fait de mon enfance qui a coïncidé avec mon apprentissage de la nage. Le chalet familial se trouvait près d'un petit lac. Pour profiter pleinement de mes vacances, je devais apprendre à nager. La meilleure façon pour moi de le faire était de prendre des cours au centre sportif de ma région. Je savais que je devrais me rendre au centre deux fois par semaine en bicyclette, et ne manquer aucun cours. J'avais décidé de m'engager dans cette voie. Je me suis rendue au centre afin de faire mon inscription. Je savais un peu nager, mais il m'était difficile de dire dans quelle catégorie de cours je devais m'inscrire. On m'a donc demandé de passer un examen de classement afin de bien me situer: débutant, intermédiaire ou avancé. J'étais contente, car je ne voulais pas me retrouver dans des situations trop faciles ou trop difficiles. J'ai donc passé l'examen. Un moniteur m'a d'abord posé des questions sur mes expériences de natation.

«Est-ce que tu as peur de l'eau?

— Non, mais si je me retrouve la tête sous l'eau, je panique et là, j'ai vraiment peur. J'ai peur aussi de nager si je reçois de l'eau dans la figure.

— Es-tu capable de sauter à l'eau dans un endroit profond?

— Non, quand j'étais jeune, dans une colonie de vacances, on m'a jetée à l'eau et j'ai eu très, très peur. Depuis ce temps je nage, mais toujours en m'assurant que mes pieds peuvent toucher le fond.

— Aimes-tu l'eau?

— Oui, j'aime me baigner et jouer dans l'eau, mais je n'y vais jamais seule.»

---

6. Carl ROGERS. *Le développement de la personne*, Paris, Dunod, coll. «Organisation et sciences humaines», 1976, p. 197 et 198.

Par la suite, le moniteur m'a demandé de lui montrer la façon dont je nageais, la nage sur le dos, sur le côté et sur le ventre. Après l'exécution de ce que je savais faire, il a décidé de m'inscrire dans le groupe intermédiaire. Je pouvais donc repartir avec mon horaire. J'avais des cours deux fois par semaine. J'avais hâte de débuter.

Nous formions un groupe de 15 personnes environ. Dès le premier cours, le moniteur nous a fait nager librement afin d'évaluer le groupe. Il a ensuite exposé les éléments théoriques et pratiques du contenu des 12 semaines de cours. Je savais déjà tout le travail que cela demanderait. Bien entendu, il nous a clairement fait comprendre que plus nous mettrions en pratique ce que nous apprenions, plus nous deviendrions habiles. À chaque séance, il y avait une partie théorique et une partie pratique. J'avais aussi à corriger de mauvaises habitudes de natation pour apprendre correctement les mouvements. À chaque semaine, je devais pratiquer. Chaque cours débutait par un retour sur ce que nous avions travaillé au cours précédent. Nous reprenions les mouvements appris et nous recevions de nouvelles explications que nous devions mettre en pratique durant le cours. Le moniteur corrigeait nos erreurs. Il s'assurait que nous avions bien compris ce qu'il nous demandait de faire. Je progressais et, lentement, j'apprivoisais ma peur de l'eau. Je me suis rendue compte que, pour moi, apprendre correctement à nager était difficile et que ma peur de recevoir de l'eau dans la figure me freinait. Même si j'ai reçu des explications et que le moniteur était attentif à mon problème, je n'arrivais pas à le résoudre. Je réalisais aussi que j'avais fait des progrès, mes mouvements étaient mieux coordonnés et j'étais plus habile à nager sur le dos et sur le côté. Le moniteur nous corrigeait régulièrement et savait nous redonner confiance. J'aimais ce moniteur: il était patient et il pouvait nous expliquer longuement comment faire. Il servait souvent de modèle.

Même si cela était difficile pour moi, je n'avais pas le goût de tout abandonner. Je pratiquais régulièrement dans la piscine, à la maison. Je constatais que je progressais. J'étais moins craintive dans l'eau profonde et j'étais plus rapide dans mes mouvements. Les semaines passaient et je faisais de plus en plus de progrès. À la fin de la session, nous devions tous passer un examen pour déterminer les connaissances que nous avions acquises. Cet examen, s'il était réussi, nous permettrait de passer à la catégorie supérieure. J'étais très anxieuse de passer cet examen, car je voulais le réussir. J'avais bien travaillé et j'avais pratiqué. L'examen comportait une partie théorique et une partie pratique. J'ai réussi la partie théorique. Quant à la partie pratique, je l'ai aussi réussie, mais moins bien que je l'aurais souhaité. Je savais que je n'avais pas encore apprivoisé ma peur de l'eau et que moi seule, je pouvais régler ce problème avec le temps. J'ai donc reçu mon brevet intermédiaire et j'ai passé un bel été à me baigner, mais je savais que pour régler parfaitement mon problème avec l'eau, j'aurais besoin d'une aide supplémentaire. C'est alors que j'ai décidé d'attendre avant de m'inscrire à des cours plus avancés. J'ai encore peur de l'eau, même après toutes ces années. Je n'ai pas repris de cours pour régler ce problème, mais je sais que je peux décider de le faire.
(*Voir l'outil n° 4.1, à la page 102.*)

Pour réfléchir à ma manière d'apprendre

À la lumière de ce que je vis, j'analyse une situation d'apprentissage et j'en dégage certaines caractéristiques.

Qu'est-ce qui me motive à faire cet apprentissage?

• *Je désire apprendre à nager.*

• *J'ai un défi à relever: surmonter ma peur de l'eau.*

Qu'est-ce que je fais pour m'engager dans cet apprentissage?

• *Je fais des démarches pour m'inscrire à un cours. Je passe l'examen de classement.*

• *Je prends des cours deux fois par semaine.*

• *Je pars de mon expérience et je poursuis, là où je suis rendue.*

• *C'est dans l'action que j'apprends à nager.*

Quels sont les moyens que j'utilise pour apprendre?

• *J'essaie, je fais des erreurs, j'essaie à nouveau.*

• *Je pratique.*

• *J'écoute les conseils du moniteur. Je corrige mes mouvements.*

• *Je vais régulièrement aux cours.*

Est-ce que j'ai besoin d'aide pour apprendre?

Une autre personne m'aide à poursuivre ma démarche pour apprendre: c'est le moniteur.
Il m'apporte les éléments théoriques et pratiques nécessaires à l'acquisition de l'habileté à
nager. Il est un modèle pour moi; il m'apprend en me montrant et en m'expliquant.
Il m'observe et me corrige. Il me donne les moyens de réussir et me situe dans le
processus d'apprentissage que j'ai entrepris. Il m'encourage.

Est-ce que je peux évaluer ce que j'apprends?

Je fais le constat de ce que je sais, de ce qu'il me reste à apprendre, lorsque je pratique dans le lac. Je sais reconnaître ma peur de l'eau, qui m'empêche d'aller plus loin. Je sais quand je réussis et quand je dois retravailler un exercice.

Qu'est-ce que je fais pour bien maîtriser ce que j'ai appris?

• *J'écoute bien les explications et je pratique.*
• *J'expérimente et je pratique pour bien maîtriser ce que j'ai appris.*
• *J'ai besoin de temps pour apprendre.*

Qu'est-ce que j'ai appris?

• *Mes expériences antérieures de natation se sont enrichies grâce à ce que j'ai appris de nouveau. Je sais mieux nager et je vais dans l'eau plus profonde.*

• *Je suis devenue plus habile; j'ai acquis de l'expérience et de la confiance.*

• *Je n'ai pas intégré tout ce que j'ai appris; ma peur de l'eau est toujours là.*

Qu'est-ce que cet apprentissage change en moi?

• *Je suis plus confiante et j'ai moins peur de l'eau.*

• *Je peux passer des vacances agréables et profiter du lac.*

• *Je peux décider de poursuivre cet apprentissage.*

Comment vais-je utiliser cette nouvelle habileté ?

• *Je suis plus à l'aise dans l'eau.*

• *J'ai aujourd'hui des enfants qui ont appris à nager avec moi. Je leur ai appris à avoir confiance en eux. Ils ont appris à aimer l'eau.*

Mon apprentissage de l'ordinateur

Dans cet autre exemple, j'observe ce que je fais pour m'initier à l'apprentissage de l'ordinateur. J'ai le goût d'apprendre, car je veux un ordinateur pour mes élèves. Je veux qu'ils puissent s'en servir pour écrire leurs textes. Je m'inscris à deux journées de formation en informatique données à ma commission scolaire. Je n'ai jamais travaillé avec un ordinateur: ce sera ma première expérience. Dès les premières minutes du cours, j'apprends avec l'aide du professeur à mettre l'ordinateur en marche et à utiliser les différentes consignes pour bien comprendre le fonctionnement général de l'appareil. Je manipule les touches et je réponds aux consignes explicatives de la disquette d'introduction. J'ai du plaisir à essayer, même si je fais des erreurs. Je suis contente d'apprendre. Par la suite, je m'habitue aux touches et aux différentes fonctions de l'ordinateur. Ce n'est pas facile, mais j'aime ca. J'ai hâte d'apprivoiser l'ordinateur qui sera dans ma classe, la semaine prochaine. Avant de me rendre à ma deuxième journée de formation, je ne manque pas une occasion de consolider ce que j'ai appris. Je pratique, je tente des expériences nouvelles et je refais certaines expériences réussies. Je suis fière de moi et j'aime parler de mes progrès avec les autres enseignantes de mon école.

Durant ma deuxième journée de formation, je fais un retour avec le groupe sur les apprentissages du premier cours. J'ai des questions. Le professeur redonne quelques explications nécessaires à l'acquisition de certaines techniques. Je poursuis mes apprentissages. J'explore et expérimente à nouveau. Deux jours, c'est très peu pour tout maîtriser. Je sais très bien que je devrai travailler et expérimenter ce que j'ai appris si je veux intégrer ces nouvelles connaissances et utiliser de façon régulière l'ordinateur de la classe. Je me donne le temps. Je pourrai continuer à apprendre en même temps que les enfants.

En classe, je m'empresse d'initier les enfants grâce à l'expérience acquise lors de mes cours et de mes essais. Ils me posent des questions, mais je ne sais pas toutes les réponses. Nous cherchons alors ensemble. Quand nous ne trouvons pas, nous demandons à la personne responsable de l'informatique de nous renseigner. Avec le temps, nous devenons de plus en plus habiles à l'ordinateur. Mes élèves sont capables d'écrire leurs textes et je suis aussi une ressource dans l'école pour les enseignantes qui tentent des expériences dans ce sens. Je ne croyais pas que je pourrais apprendre tant de choses et, surtout, que j'aimerais utiliser un ordinateur avec autant de plaisir. (*Voir l'outil n° 4.2.*)

Pour réfléchir à ma manière d'apprendre

À la lumière de ce que je vis, j'analyse une situation d'apprentissage et j'en dégage certaines caractéristiques.

Qu'est-ce qui me motive à faire cet apprentissage?

- *Je désire apprendre à utiliser un ordinateur.*
- *Mon but est d'avoir un ordinateur dans ma classe pour mes élèves.*

Qu'est-ce que je fais pour m'engager dans cet apprentissage?

- *Je participe à deux journées de formation.*
- *Je pratique.*

Quels sont les moyens que j'utilise pour apprendre?

- *J'essaie, j'expérimente, je me corrige et j'essaie à nouveau pour comprendre.*
- *Je pratique dans ma classe.*

Est-ce que j'ai besoin d'aide pour apprendre?

L'aide du professeur me permet d'aller plus loin, de comprendre. Il me donne des explications théoriques et pratiques. Quand je travaille avec les élèves et qu'un problème se présente, je consulte ce professeur. Cela me permet d'aller plus loin.

Est-ce que je peux évaluer ce que j'apprends?

Je pratique et je fais le constat de ce que je sais bien et de ce que je ne comprends pas tout à fait. Les élèves et moi réalisons qu'il faut parfois demander de l'aide pour utiliser l'ordinateur de façon adéquate.

Qu'est-ce que je fais pour bien maîtriser ce que j'ai appris?

• *Je pratique, car je veux maîtriser ce que j'apprends.*

• *Je me donne le temps d'apprendre. Je fais travailler les enfants à l'ordinateur; je peux donc utiliser ce que j'ai appris.*

Qu'est-ce que j'ai appris?

• *Je m'enrichis d'un nouveau savoir qui s'intègre peu à peu à ma pratique pédagogique.*

• *Je suis plus habile à l'ordinateur.*

Qu'est-ce que cet apprentissage change en moi?

• *Je suis capable d'aider les enfants à devenir, eux aussi, habiles à l'ordinateur.*

• *Je suis une ressource pour d'autres enseignantes.*

• *Je suis fière de moi, car j'ai atteint mon but.*

• *Je suis motivée à continuer d'apprendre.*

Comment vais-je utiliser cette nouvelle habileté?

• *Je mets ce nouvel outil au service de mon enseignement et des enfants. Je peux aider les enfants à aller plus loin. Je leur donne aussi confiance en eux pour explorer de nouveaux outils. Nous nous donnons le droit d'essayer et de recommencer.*

• *Les enseignantes de mon école savent que je peux les aider et les autres enfants de l'école apprennent avec des élèves de ma classe.*

Que se passe-t-il chez l'enfant qui est en train d'apprendre?

Maintenant que j'ai saisi ma dynamique intérieure, il m'importe de comprendre ce qui se passe chez l'enfant qui apprend. Je vais puiser des faits dans mon expérience d'enseignante pour observer l'enfant en train d'apprendre. Dans l'exemple qui suit, Martin réalise un projet interdisciplinaire sur les poissons.

Martin, élève de 6e année, me mentionne qu'il est très intéressé par les poissons. Il veut se renseigner sur les poissons et sur leur manière de se déplacer dans l'eau. Ses questions de recherche sont: Comment les poissons se déplacent-ils et quelles sont les différences entre les poissons d'eau douce et les poissons d'eau salée? Pour pouvoir étudier adéquatement son sujet, il me demande s'il peut apporter des poissons de chez lui pour les placer dans l'aquarium de la classe afin de les observer. Je suis d'accord. Sa motivation et son intérêt sont très forts. Il apporte ses poissons, les place dans l'aquarium, se renseigne sur le mécanisme du filtreur et s'engage à prendre soin des poissons pour sa recherche. Je l'aide à élaborer sa démarche de travail. Il écrit d'abord ses questions sur un carton. Ensuite, il regarde dans des livres sur les poissons pour trouver les renseignements qu'il cherche. Par la suite, il examine ses poissons et écrit ses observations dans un cahier. Chaque semaine, il fait part de ses découvertes aux amis de la classe.

Durant tout ce temps, Martin fait des lectures et essaie de comprendre le sens de ce qu'il lit. Je suis là pour l'aider à trouver les outils nécessaires à sa compréhension et pour l'aider à faire des liens entre ses apprentissages. Martin aménage un coin où on trouve des livres, des pancartes, des graphiques, différents manuels de lecture et des outils de travail (microscope, acétates, crayons-feutres, papier de grand format). J'observe Martin. Il cherche, compare, observe, analyse, juge, regarde, prend des notes, compile ses données, fait des liens, corrige son travail, consulte différents documents. Il construit ses apprentissages. Je constate qu'il est toujours intéressé par son sujet et que le temps ne semble pas avoir d'importance. Chaque semaine, il nous présente ses découvertes, nous montre son cahier d'observation et affiche dans son coin ce qu'il a appris. J'interviens aussi pour aider Martin à raffiner ses questions et sa démarche afin de lui permettre d'aller plus loin dans sa compréhension.

Martin travaille durant les 2e et 3e étapes sur son sujet, sans jamais manifester le moindre désintérêt. Ses présentations sont attendues par les autres enfants et il peut facilement nous entretenir durant une heure sur son sujet de recherche. Il utilise différents outils (acétates, petits livres) pour présenter ce qu'il a découvert. Il est capable de nous expliquer l'importance de la queue du poisson dans ses déplacements. Il apporte des informations sur la vitesse de leurs déplacements. À l'aide d'un diagramme, il peut facilement classifier les poissons d'eau douce et les poissons d'eau salée. Je peux vérifier ses nouvelles connaissances dans ses présentations. Les enfants lui posent aussi des questions qui lui permettent d'approfondir son sujet de recherche. Ses connaissances et son savoir-faire s'acquièrent par l'expérimentation, l'observation, la réflexion et l'analyse. Martin utilise ce qu'il a appris pour écrire un petit livre sur ses découvertes. Il est fier de lui, autonome et responsable. Il passe beaucoup de temps avec ses poissons.

J'observe ce qui pousse Martin à apprendre. J'utilise pour cela les questions de l'outil n° 5.1.

Outil de croissance pédagogique n° 5.1

Pour mieux comprendre Martin qui apprend

Qu'est-ce qui motive Martin à faire cet apprentissage?

• *Martin se pose des questions sur les poissons, surtout sur la façon dont ils se déplacent.*

• *Il veut se renseigner.*

Que fait-il pour s'engager dans cet apprentissage?

• *Il apporte des poissons en classe, qu'il place dans l'aquarium afin de bien observer leurs déplacements. Il prendra soin de l'aquarium et des poissons.*

• *Il cherche des renseignements dans des livres. Il aménage un coin pour les poissons.*

• *Il fait son plan de travail.*

Quels sont les moyens qu'il utilise pour apprendre?

• *Il lit, consulte des livres, recueille différentes données sur les poissons, observe, se pose des questions et vérifie dans l'action ce qu'il découvre.*

• *Il s'engage de plus en plus dans sa recherche au fur et à mesure que son travail avance et qu'il découvre des faits nouveaux.*

• *Il présente le fruit de ses recherches aux autres.*

Est-ce qu'il a besoin d'aide pour apprendre?

Il fait les démarches nécessaires pour savoir comment utiliser l'aquarium. Mon aide lui permet de structurer son travail, d'organiser sa démarche et de développer des stratégies d'apprentissage. Mes observations lui permettent de raffiner sa compréhension.

Est-ce qu'il peut évaluer ce qu'il apprend?

- *Lors de ses présentations, Martin est conscient de ce qu'il sait très bien et de ce qu'il peut approfondir davantage. Les enfants lui posent des questions et cela lui permet d'approfondir son sujet. Tout au long de sa démarche, mes questions lui permettent de juger de sa compréhension.*

Que fait Martin pour bien maîtriser ce qu'il a appris?

- *Le temps lui permet d'amener sa recherche à un niveau avancé.*
- *Il cherche, compare, se réajuste, vérifie et analyse. Il fait des tableaux et rédige un livre sur les poissons.*
- *Il partage avec les autres ce qu'il a appris.*

Qu'est-ce que Martin a appris?

- *Il est capable d'expliquer ses connaissances et ses découvertes aux autres grâce à ses présentations.*
- *Il a développé des habiletés à planifier, à structurer et à organiser son travail. Il est conscient de ses possibilités. Il partage ses nouvelles connaissances avec les autres.*

Qu'est-ce que cet apprentissage change en lui?

- *Il est autonome et fier de lui.*
- *Sa motivation est constante.*
- *Il est heureux d'apprendre.*

Comment Martin va-t-il utiliser ses nouvelles connaissances et ses nouvelles habiletés?

- *Martin est un expert dans ce qu'il a étudié; il est une ressource pour les autres.*
- *Il peut utiliser sa démarche pour apprendre dans d'autres situations.*

J'observe maintenant Pascal dans sa démarche pour apprendre.

Pascal éprouve de grandes difficultés d'apprentissage. Âgé de 11 ans, il fréquente une classe régulière de 3ᵉ année. C'est le service d'orthopédagogie qui m'a confié cet élève à cause de son manque de motivation et de ses grandes difficultés en français. Il bénéficie de périodes de rééducation en classe-ressource.

Pascal sait qu'il y a des ordinateurs dans mon local. Il me demande s'il peut les utiliser. Il me dit:

«Louise, j'aime ça, moi, les ordinateurs, je veux apprendre à m'en servir pour écrire le journal de ce que je fais chaque jour.»

Je lui accorde la possibilité de le faire. Je lui explique sommairement comment utiliser l'ordinateur et le voilà qui se met à rédiger. Il rédige et rédige... Il demande même à rester durant les récréations. Afin de l'aider à bien orthographier les mots, nous avons convenu d'utiliser un grand carton suspendu près de l'ordinateur et d'y inscrire les mots correctement écrits; c'est une espèce de référent visuel. Quand il ne sait pas écrire un mot, je cherche avec lui différentes stratégies pour le trouver et ensuite nous l'écrivons sur le carton. Il réutilise les mots et il apprend ainsi à les écrire correctement. Son intérêt est toujours maintenu et sa motivation, retrouvée. Il sent qu'il est capable de faire quelque chose et il lui arrive souvent de m'écrire des petits messages que je retrouve sur mon pupitre au retour de la récréation. J'en profite pour l'encourager et le féliciter de ses progrès. Pascal est maintenant un expert dans l'utilisation de l'ordinateur. Il m'arrive souvent d'avoir besoin de ses conseils pour me dépanner ou pour étudier de nouveaux programmes. Il est maintenant tuteur pour enseigner aux autres comment se servir de l'ordinateur. Pascal a le goût de travailler et il aime davantage l'école. Il écrit régulièrement son journal, avec le souci de ne pas faire de fautes d'orthographe. Son attitude est positive et il reçoit de l'aide sans se sentir diminué. Lorsque je travaille avec lui, j'utilise ses textes et ses travaux pour déceler concrètement ses difficultés. Pascal a grandement changé son attitude face aux travaux scolaires. L'école est plus signifiante pour lui. Il se sent utile et compétent dans ce qu'il réussit. (*Voir l'outil n° 5.2.*)

Pour mieux comprendre Pascal qui apprend

Qu'est-ce qui motive Pascal à faire cet apprentissage?

• *Pascal a un intérêt pour les ordinateurs.*

• *Il veut apprendre à s'en servir.*

Que fait-il pour s'engager dans cet apprentissage?

• *Il connaît ses difficultés et il est prêt à travailler pour s'améliorer.*

• *Il apprend vite le fonctionnement de l'ordinateur.*

Quels sont les moyens qu'il utilise pour apprendre?

• *Il construit un «référent visuel» que nous plaçons près de l'ordinateur.*

• *Il est intéressé par ce qu'il apprend; il pratique, fait des essais, se corrige et recommence.*

• *Il m'écrit des petits messages.*

• *Il travaille durant les récréations.*

Est-ce qu'il a besoin d'aide pour apprendre?

• *Pascal a besoin de son «référent visuel». Il a besoin que je cherche avec lui différentes façons d'utiliser certains sons.*

• *Il a besoin de mon encouragement. Il a besoin que je reconnaisse sa compétence en informatique.*

Que fait Pascal pour bien maîtriser ce qu'il a appris?

• *Le temps est important pour lui; il veut venir en dehors des heures de classe pour pratiquer et être plus habile.*

- *Il m'écrit des messages et profite de toutes les occasions pour écrire. Il rédige son petit journal.*

- *Il se sert régulièrement de son «dictionnaire visuel» près de l'ordinateur.*

Qu'est-ce que Pascal a appris?

- *Pascal a appris à se servir d'un ordinateur.*

- *Il a découvert certaines stratégies pour apprendre: «le dictionnaire visuel», son journal, ses messages.*

- *Il est plus sociable, il aime davantage l'école et il partage avec les autres ce qu'il sait. Il est une ressource pour les autres et pour moi.*

Qu'est-ce que cet apprentissage change en lui?

- *Il est heureux d'apprendre; il se sent meilleur.*

- *Il est actif dans sa démarche pour apprendre; il devient responsable.*

- *Il a acquis de nouvelles connaissances et de nouvelles habiletés.*

- *Il a intégré ce qu'il a appris; il est une ressource pour les autres enfants.*

- *Il est fier de lui. Il est motivé et il s'engage dans sa démarche d'apprentissage.*

Comment Pascal va-t-il utiliser ses nouvelles connaissances et ses nouvelles habiletés?

- *Pascal aime l'école. Il a donc le goût de s'engager dans d'autres projets de tutorat et d'aider d'autres enfants à apprendre à utiliser un ordinateur.*

- *Il comprend l'enfant qui a besoin d'aide. Dans ses travaux scolaires, il utilise les stratégies qu'il a développées.*

- *Il va conserver sa confiance, car il sait maintenant qu'il est capable de réussir.*

Observer un enfant qui apprend est toujours aussi fascinant pour moi. Sa démarche pour apprendre ressemble à la mienne. Il y a ce même désir d'apprendre, de comprendre et de se dépasser. Mes observations sur ma façon d'apprendre et sur la façon d'apprendre de l'enfant me permettent de faire les observations suivantes.

Il y a d'abord une situation, un intérêt, au départ, qui nous incite à vouloir apprendre.

- Nous avons un but.
- Nous avons un intérêt.
- Nous nous rappelons.
- Nous imaginons.
- Nous avons des questions.
- Nous voulons connaître.
- Nous voulons savoir.
- Nous voulons comprendre.
- Nous voulons aller plus loin.

Nous nous engageons dans notre démarche pour connaître, pour comprendre, pour trouver des réponses à nos questions.

- Nous nous questionnons.
- Nous observons.
- Nous cherchons.
- Nous nous documentons.
- Nous expérimentons.
- Nous cherchons à comprendre.
- Nous prenons les moyens.
- Nous utilisons différents outils.
- Nous avons besoin de modèles.
- Nous avons besoin de l'aide d'une personne-ressource.
- Nous apprenons dans l'action.
- Nous essayons, nous recommençons.
- Nous pratiquons encore et encore.
- Nous nous réajustons.
- Nous prenons le temps de comprendre.

Nous évaluons dans l'action ce que nous savons et ce qu'il nous reste à apprendre.

- Nous faisons des essais, nous nous corrigeons et nous recommençons.
- Nous analysons.
- Nous faisons des relations.
- Nous comparons nos découvertes.
- Nous objectivons.
- Nous vérifions.
- Nous nous réajustons.
- Nous jugeons de ce que nous savons bien et de ce qu'il nous reste à apprendre.
- Nous vérifions à nouveau.
- Nous consolidons.
- Nous prenons les moyens pour bien maîtriser.
- Nous sommes conscients de ce que nous savons.

Nous utilisons nos nouvelles compétences dans d'autres situations.

- Notre expérience s'est enrichie.
- Nous devenons plus habiles.
- Nous décidons de nos actions.
- Nous maîtrisons mieux ce que nous avons appris.
- Nous exécutons les tâches avec facilité.
- Nous devenons une ressource.
- Nous sommes fiers de nous.
- Nous grandissons de l'intérieur.

Je sais maintenant que lorsque l'enfant désire connaître, qu'il s'engage dans une démarche pour apprendre, il se pose des questions, il veut comprendre, il s'évalue, il construit son savoir, il l'intègre à son vécu, à son expérience et il se transforme de l'intérieur. Il a aussi besoin d'aide pour aller plus loin dans sa compréhension; il doit être questionné pour réajuster sa démarche d'apprentissage. L'enfant a besoin que je le guide dans sa démarche pour apprendre. Mon intervention est donc indispensable et je ne peux m'y soustraire. C'est par mon intervention que je peux éveiller l'intérêt de l'enfant pour qu'il s'engage à vouloir connaître, à vouloir apprendre et à vouloir comprendre. Je dois me rappeler cette phrase de Piaget: «Tout ce que vous enseignez à un enfant, vous l'empêchez de le découvrir[7].»

---

7. Jean PIAGET. *L'équilibration des structures cognitives,* Paris, P.U.F., 1975.

Je réfléchis à ma façon d'intervenir

Mes observations sur ma façon d'apprendre et sur la façon d'apprendre des enfants m'amènent à m'interroger sur ma façon d'intervenir avec les enfants. (*Voir l'outil n° 6 à la page 129.*) Parfois, il me semble que je dois laisser l'enfant travailler à partir de ses intérêts, parfois, je ne sais pas si je dois intervenir et quand le faire. Dans certaines situations d'apprentissage, j'ai la bonne question qui relance l'enfant. Je réalise alors que je le fais avancer, qu'il va plus loin dans son questionnement. À d'autres moments, il m'arrive de freiner son élan. Je lui donne des réponses sans lui permettre de chercher. Je sais alors que je devrais lui laisser plus de temps pour explorer. Je trouve difficile d'intervenir au bon moment dans le processus d'apprentissage de l'enfant, pour le faire grandir, lui donner confiance en lui et le rendre responsable de ce qu'il apprend. J'ai ce souci de permettre à l'enfant d'élaborer sa démarche d'apprentissage, mais je me laisse emporter par les travaux à faire, les exercices à réaliser, les examens à la fin de l'étape. Je suis à la recherche du «comment faire» pour intervenir et favoriser un apprentissage authentique qui, selon Rogers, «implique un changement dans l'organisation du moi de celui qui apprend[8]». Que dire à l'enfant qui attend des réponses au lieu de les chercher lui-même? Quels gestes poser lorsque l'enfant ne s'engage pas? Quand et comment faire découvrir? Comment le mettre sur la voie de l'engagement, de la découverte, de la réalisation? Comment le rendre responsable de ce qu'il apprend si, selon Rogers «les seules connaissances qui peuvent influencer le comportement d'un individu sont celles qu'il découvre de lui-même et qu'il s'approprie[9]...»?

Je suis préoccupée par mon intervention; je veux qu'elle soit juste, adaptée et cohérente. Juste, parce que je veux répondre à l'ensemble des besoins de chacun des enfants. Adaptée, parce que je veux intervenir en fonction de ce qui se vit dans la classe, avec les enfants. Cohérente, parce que je veux respecter les valeurs qui m'animent et les choix que je privilégie et qui guident mon action.

Mon intervention favorise l'apprentissage authentique

- quand j'ai le souci de mettre l'enfant sur la voie d'un apprentissage, c'est-à-dire quand je crée chez lui le désir de connaître, quand j'éveille son intuition, quand je fais surgir ce qu'il sait ou croit savoir du sujet d'étude;
- quand je lui laisse le temps d'expérimenter pour comprendre, de se poser des questions pour vérifier sa compréhension, de manipuler pour expérimenter à nouveau, d'exprimer ce qu'il croit savoir, de vérifier et de nommer ce qu'il connaît, de choisir, de décider, de s'assumer;
- quand j'améliore sa compréhension et que je lui apporte les éléments théoriques nécessaires à une bonne compréhension, que je l'informe des stratégies cognitives qui lui permettront de bien réussir la tâche à réaliser, quand je l'initie à des démarches de travail;

---

8. C. ROGERS, *op. cit.*
9. C. ROGERS, *op. cit.*

- quand j'accorde de l'importance à la consolidation d'un nouveau savoir, que je favorise la maîtrise et l'utilisation des connaissances dans d'autres situations, en insistant sur les liens existant entre différents apprentissages, quand je varie les différents problèmes à résoudre en faisant reconnaître aux enfants de façon explicite l'utilisation des connaissances et des habiletés.

Ainsi j'aide l'enfant à apprendre et je lui permets de faire un apprentissage authentique, intégré à son expérience.

Mon intervention freine l'apprentissage authentique

- quand je lui enseigne sans tenir compte de ce qu'il peut savoir du sujet d'étude, sans me soucier de ses goûts et de ses intérêts;
- quand il mémorise ce que je lui enseigne, sans faire de liens avec ce qu'il a déjà appris sur le sujet;
- quand je ne lui laisse pas le temps d'explorer, d'expérimenter durant une leçon de mathématiques ou de français parce que je tiens uniquement compte de la démarche inscrite dans les manuels scolaires;
- quand je néglige son intuition, en lui donnant les réponses sans susciter de questions au préalable;
- quand je ne tiens pas compte du fait qu'il doit être actif pour apprendre et que je considère qu'il n'a qu'à écouter et à bien retenir ce que je lui enseigne;
- quand je perds de vue sa motivation, que je ne le sollicite presque pas et que j'objective ses apprentissages à sa place;
- quand le contenu de mon enseignement est compartimenté, sans liens avec son cheminement;
- quand je ne lui laisse pas le temps de consolider ce qu'il a appris, que l'évaluation ne joue pas son rôle de soutien de l'apprentissage, qu'elle prend toute la place et qu'elle revient trop souvent, avant que l'enfant puisse bien maîtriser ce qu'il a appris;
- quand je ne lui donne pas les outils, les démarches et les stratégies nécessaires à une bonne compréhension et que je ne tiens pas compte qu'il a besoin de savoir «comment faire» pour développer sa confiance en lui-même;
- quand je ne l'amène pas à s'engager et que je fais le chemin à sa place, en lui faisant connaître à l'avance les conclusions des manuels ou mes propres conclusions.

Je favorise alors un apprentissage mécanique sans lien avec l'expérience de l'enfant.

Je prends conscience que lorsque je transmets des connaissances à l'enfant pour qu'il les assimile sans solliciter sa participation, son engagement, je fais un acte de transmission, un enseignement sans liens avec son expérience. Si, au contraire, je lui permets de découvrir et de refaire à sa façon ce qu'il a appris, j'aide alors l'enfant à comprendre vraiment. Je suis un maître qui le guide dans l'appropriation de sa démarche pour apprendre.

Comment puis-je intervenir pour aider l'enfant à apprendre?

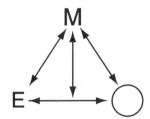

Je suis un guide pour l'enfant qui apprend. Je l'aide à entrer en relation avec l'objet d'apprentissage.

C'est avec les années que mon habileté à intervenir s'est développée et s'est raffinée. Il n'existe pas de modèles à suivre. Il faut créer sa propre démarche. L'habileté à intervenir s'apprend avec l'expérience, en agissant et en intervenant. J'ai longtemps cherché les questions pour intervenir adéquatement, au bon moment, dans le processus d'apprentissage de l'enfant. Avec l'expérience, j'ai appris à engager avec lui un dialogue pédagogique à l'aide de questions d'objectivation. Ces questions guident mon intervention, et ce, à chacune des phases du processus d'apprentissage de l'enfant, pour le conduire à l'appropriation de son acte d'apprendre. Ces questions l'éveillent à son expérience, suscitent sa curiosité et son intérêt; elles l'accompagnent dans ses opérations pour comprendre, pour juger, pour décider, afin qu'il puisse intégrer ce qu'il apprend. Les tableaux qui suivent s'intègrent à ma démarche d'intervention et proposent des questions d'objectivation à poser à l'enfant pour lui permettre d'entrer en lui-même et de prendre conscience de ce qui se passe en lui quand il apprend. Ces questions que je pose à l'enfant m'ont aidée à ajuster mon intervention à sa démarche d'apprentissage. L'enfant est ainsi en relation dynamique avec l'objet à connaître: c'est lui qui apprend.

MA DÉMARCHE D'INTERVENTION PÉDAGOGIQUE

Que connais-tu de...?

Je tiens compte de l'expérience de l'enfant avant de l'initier à de nouvelles connaissances et de lui proposer un projet d'apprentissage.

POURQUOI?

- Pour éveiller l'intuition qui animera et soutiendra son intérêt tout au long de ses apprentissages;

- Pour lui permettre de se situer par rapport aux objectifs d'apprentissage qui seront étudiés en classe;

- Pour l'amener à faire un retour sur ce qu'il a appris et à se poser des questions sur ce qu'il aimerait connaître;

- Pour qu'il ait le désir de s'engager, d'aller plus loin et d'en connaître davantage.

COMMENT?

- Je prépare des mises en situation qui font appel à son expérience afin qu'il puisse se rappeler, se situer et s'interroger sur le sujet à l'étude;

- Je crée un environnement riche et stimulant;

- Je tiens compte de ses goûts et de ses intérêts;

- Je favorise les projets personnels et les projets en équipe;

- J'objective avec lui son expérience du sujet à l'étude et je l'aide à clarifier sa pensée.

QUE SAIS-TU DE...?

Que pouvons-nous apprendre sur... ?

Que te rappelles-tu de...?

Que connais-tu de...?

As-tu déjà entendu parler de...?

As-tu déjà vu...?

Que penses-tu apprendre de nouveau au sujet de...?

Sais-tu comment...?

Te souviens-tu d'une expérience semblable?

Est-ce que tu t'interroges au sujet de...?

Qu'aimerais-tu savoir au sujet de...?

Que penses-tu que...?

Sais-tu pourquoi...?

Pourquoi es-tu intéressé par ce projet?

À quoi cela te fait-il penser?

D'où te viennent ces questions?

J'accompagne l'enfant dans sa démarche de compréhension.

POURQUOI?

- L'enfant doit lui-même faire les étapes pour structurer peu à peu sa pensée. Il se pose des questions; son désir de comprendre est présent;
- Il a besoin de temps pour explorer, expérimenter, s'interroger à nouveau et être confronté à des expériences nouvelles;
- L'enfant ne peut pas tout connaître du sujet sur lequel il travaille ou du problème qu'il veut résoudre. Il ne sait pas toujours non plus «comment faire», ni quelles stratégies utiliser pour bien comprendre et réussir.

COMMENT?

- Je fais vivre à l'enfant des situations d'apprentissage signifiantes pour lui permettre d'explorer, d'expérimenter et de chercher. Il doit résoudre des problèmes ou réaliser des projets personnels sur un sujet choisi;
- Je lui laisse le temps de concevoir et d'exprimer ce qu'il croit comprendre. C'est le temps pour moi d'observer l'enfant, d'être attentive à sa façon de travailler, d'attendre et de regarder ce qui se passe;
- J'améliore sa compréhension, en lui apportant des éléments théoriques qui vont lui permettre de faire des liens avec ce qu'il découvre;
- Je l'informe des stratégies cognitives qui l'aideront à réussir la tâche à réaliser et je mets à sa disposition les ressources qui l'aideront à aller plus loin;
- Je m'assure que l'enfant objective sa pensée sur ce qu'il découvre, sur ce que je lui apprends, sur ses manières de faire ainsi que sur les stratégies et les démarches qu'il utilise pour réussir;
- Mes questions d'objectivation permettent à l'enfant d'aller plus loin dans sa compréhension.

PEUX-TU M'EXPLIQUER CE QUE TU COMPRENDS DU PROBLÈME?

En es-tu certain?

Que voulais-tu savoir?

As-tu une réponse à tes questions?

Où peux-tu trouver d'autres renseignements?

De quoi as-tu besoin pour réaliser ton projet?

Que te manque-t-il pour trouver la solution?

Comment vas-tu t'y prendre pour...?

Qu'est-ce que tu observes?

As-tu des questions?

As-tu suivi la démarche?

Veux-tu me montrer les étapes de ton plan? de ta recherche?

Que découvres-tu?

Pourquoi penses-tu que...?

As-tu suffisamment d'information?

Quelle est la meilleure façon de régler ce problème avec ton ami?

Comment peux-tu travailler avec ton ami?

Comment peux-tu sélectionner les renseignements importants?

Quels sont les outils que tu peux utiliser?

Où, dans la classe, peux-tu trouver de l'information?

Tu as une difficulté. Que peux-tu faire?

Regarde comment je procède. Que remarques-tu?

As-tu déjà réussi quelque chose de semblable?

As-tu vérifié dans ton cahier de stratégies?

Que veut dire ce mot? ce symbole? ce graphique? ce tableau?

Je permets à l'enfant de porter un jugement sur ce qu'il sait et sur ce qu'il lui reste à apprendre.

POURQUOI?

L'enfant a besoin de temps pour approfondir et bien saisir ce qu'il apprend. Il a besoin de vivre différentes situations d'apprentissage pour apprendre à faire des liens, à comparer et à juger de sa compréhension. Cette étape de consolidation est déterminante dans l'acquisition de nouveaux savoirs (savoir-faire et savoir-être). C'est à cette étape que l'enfant reconstruit pour lui-même ce qu'il a expérimenté et compris. Cette démarche d'appropriation permet à l'enfant de nommer ce qu'il sait et ce qu'il lui reste à apprendre, d'exprimer correctement ce qu'il connaît de nouveau et de confirmer, par ses présentations et ses réalisations, l'acquisition de différentes habiletés.

COMMENT?

J'accorde de l'importance à la consolidation d'un nouveau savoir pour en favoriser la maîtrise et le transfert. J'insiste sur les liens qui existent entre les différentes situations d'apprentissage exploitées. Je donne une variété de problèmes à résoudre. Je fais reconnaître aux enfants de façon explicite les habiletés, les attitudes et les connaissances qu'ils utilisent dans leurs apprentissages et dans d'autres projets qu'ils réalisent.

Je me préoccupe donc de faciliter l'interaction continue de l'enfant avec ce qu'il apprend. C'est le temps de donner plus d'explications aux enfants qui en ont besoin pour mieux comprendre. C'est important pour les enfants de partager entre eux leurs nouveaux apprentissages. C'est à cette étape que l'enfant a besoin d'outils d'autoévaluation pour se situer dans ses apprentissages. Mes questions d'objectivation permettent à l'enfant de juger de sa compréhension.

PEUX-TU ME PARLER DE CE QUE TU AS APPRIS?

Que te reste-t-il à apprendre?

Peux-tu m'expliquer ta démarche? ta réponse? ta stratégie?

Peux-tu expliquer aux autres ta démarche pour réussir ton problème?

Est-ce que c'est toujours vrai?

Est-ce la meilleure solution? Pourquoi?

Veux-tu comparer tes réponses avec celles des amis de la classe?

En quoi es-tu plus habile?

Quel moyen a été le plus efficace?

Que réalises-tu maintenant?

Qu'est-ce que cette expérience t'a apporté?

Qu'est-ce que tu as découvert?

Es-tu certain de ta réponse? Pourquoi?

Où as-tu vérifié tes réponses?

Peux-tu m'expliquer la stratégie que tu as utilisée?

Quelle est maintenant la meilleure stratégie pour résoudre ce problème?

Quelle étape de ton plan as-tu le mieux respectée?

Comment peux-tu me convaincre que tu as raison?

Pourquoi penses-tu que tu as réussi?

Qu'as-tu appris dans ton travail?

Comment les autres ont-ils pu t'aider?

Comment as-tu coopéré avec les autres?

Je favorise l'intégration des apprentissages à l'expérience de l'enfant.

POURQUOI?

L'enfant qui est conscient de ses nouvelles connaissances et de ses nouvelles habiletés veut les utiliser. Il a des mots pour nommer ce qu'il sait. Il est plus habile. Il a acquis un nouveau savoir-faire qui se traduit dans toute sa personne. Il maîtrise sa réussite; il sait comment apprendre. Cette prise de conscience modifie la personnalité de l'enfant. Il a grandi intérieurement. Il a changé et il est plus compétent; il agit et il est fier de lui. Il peut décider de ses actions; il est responsable.

COMMENT?

L'enfant présente et communique ce qu'il a appris grâce à ses projets. L'organisation de la vie en classe incite l'enfant à faire des choix. Il décide de ses actions et choisit les moyens pour réussir. Différents ateliers permettent à l'enfant d'utiliser à sa manière ce qu'il a appris et d'adapter ses apprentissages à d'autres situations. Il intègre ses nouvelles habiletés à son expérience. Je favorise toutes les situations qui permettent à l'enfant de mettre à contribution ses nouvelles compétences. J'ai le constant souci de favoriser cette intégration. Je le questionne.

QUE VAS-TU FAIRE MAINTENANT AVEC CE QUE TU AS APPRIS?

Comment vas-tu utiliser ce que tu as appris?

Quelle démarche vas-tu privilégier?

Quand peux-tu utiliser ce que tu as appris?

Quelles réponses vas-tu choisir?

Trouves-tu difficile d'aller jusqu'au bout de ton action?

Comment feras-tu la prochaine fois?

Par quoi vas-tu commencer?

Que décides-tu de faire?

Avec qui vas-tu partager ce que tu as appris?

Comment vas-tu aider ton ami?

Que décides-tu de changer dans tes attitudes?

C'est à cette étape que je peux me rendre compte de l'intégration des apprentissages.

Je sais que l'enfant s'est approprié sa démarche quand

- *il utilise ses nouvelles compétences dans d'autres situations;*

- *il est une ressource pour les autres;*

- *il y a un changement dans sa façon d'être;*

Il est alors

- *créateur,*

- *responsable,*

- *sûr de lui,*

- *confiant en ses capicités,*

- *motivé.*

Je pense qu'intervenir auprès des enfants demeure un acte pédagogique privilégié à la fois engageant, difficile et exaltant. L'intervention est pour le pédagogue ce que le pinceau est à l'artiste, un instrument de construction, de dépassement et de création. Je crois qu'intervenir avec cohérence est un long processus qui s'apprend par l'analyse systématique de ce que je vis avec les enfants. C'est dans mes gestes quotidiens que mon intervention se révèle. Je dois régulièrement faire le point, m'arrêter, examiner ce que je fais et être attentive aux gestes que je pose.

Je présente ici mon intervention dans une situation d'apprentissage particulière: la poésie.

Mon intention est d'initier les enfants à la poésie. Je veux leur donner le goût de lire des poèmes afin qu'ils puissent, par la suite, en écrire. Ils vont ainsi développer leur habileté en écriture poétique. Je cherche donc les moyens pour qu'ils s'engagent dans cet apprentissage. Je veux les intéresser au projet. Je suscite leur questionnement et leur curiosité. J'apporte en classe des poèmes que j'aime. Je les affiche au tableau avec ces deux questions:

Aimez-vous les poèmes? Avez-vous déjà lu des poèmes?

Dès leur entrée en classe, ils regardent au tableau. Ils vont lire les poèmes. Ils discutent ensemble.

«Moi, j'ai un livre de poèmes à la maison. Je vais l'apporter.

— Louise, il y a des poèmes dans notre livre de lecture. On pourrait en lire.»

J'interagis avec les enfants:

«Vous rappelez-vous avoir déjà lu des poèmes? Avons-nous des livres de poèmes dans la classe? Qui peut réciter un poème? Aimeriez-vous que je vous lise un poème?»

Ils écoutent tous attentivement. Je leur lis quelques poèmes de Marcel Carême avec une musique appropriée. Je sens que les enfants sont intéressés. Ils aiment m'écouter lire des poèmes. Je les questionne.

«Aimez-vous les poèmes que je vous lis? Pourquoi? Comment est écrit un poème? Que remarquez-vous quand je lis un poème?»

Les enfants me font part de leurs observations.

«Il y a des rimes dans les poèmes que tu as lus.

— C'est pas comme une histoire. On dirait une chanson.

— C'est court!

— C'est doux à écouter. Ça me fait rêver...

— Aimeriez-vous lire des poèmes?»

Je montre aux enfants différents livres de poésie que j'ai placés dans le coin de lecture.

«Vous allez regarder, observer et lire des poèmes. Ensuite, nous échangerons tous ensemble sur nos découvertes.»

Les enfants prennent plaisir à lire des poèmes. Je les observe. Ils découvrent et parfois s'amusent des rimes qu'ils rencontrent.

«Louise, c'est beau des poèmes. J'aime ça en lire.»

Nous nous plaçons en cercle pour parler de nos découvertes. Nous lisons certains poèmes choisis par les enfants. J'objective avec eux leurs apprentissages:

«Avez-vous observé la façon dont est écrit un poème? Pouvez-vous me l'expliquer?»

J'écris les remarques des enfants au tableau: jeux de mots, regroupements de mots, mots qui riment, mots qui se répètent, séparation de mots en syllabes, phrases courtes, phrases créatives et imaginaires.

Après cet échange, je leur propose d'écrire un poème:

«Aimeriez-vous écrire un poème?»

Les enfants veulent essayer. Ils savent aussi que c'est difficile. Je leur demande:

«Qu'est-ce qui pourrait nous aider à écrire nos poèmes?

— Il nous faut de beaux mots, disent les enfants. Des mots qui riment.

— Il faut penser dans notre tête, rêver à ce qu'on veut dire, penser au titre de notre poème.

— On pourrait travailler en équipe.»

Nous nous entendons sur la façon de faire des poèmes et nous nous donnons une petite démarche.

Démarche pour écrire mon poème

- Je fais ce poème pour qui?
- Je pense à mon poème, je l'imagine dans ma tête.
- Est-ce que je veux amuser, rendre heureux ou exprimer mes sentiments?
- Quelles sont les techniques que je veux utiliser? des mots qui riment, des comparaisons, le rythme?
- J'essaie: j'écris mon poème seul ou avec un ami.
- Je cherche un titre.
- Je cherche des mots qui riment ou qui chantent dans ma tête.
- Je compose des phrases courtes avec des mots clés.
- J'exprime une idée par paragraphe.
- Chaque ligne de mon poème commence par une majuscule.
- Je peux dessiner mon poème.
- Je le présente aux amis de la classe.

Je leur laisse du temps pour essayer et recommencer. Ils s'entraident. Je circule et j'apporte de l'aide aux enfants qui en ont besoin. J'en profite aussi pour les questionner.

«Que veut dire ce mot? Que veux-tu dire par ton poème? Par quoi vas-tu commencer? As-tu besoin d'aide? Pourquoi as-tu écrit cette phrase? Aimes-tu ton poème?»

Les enfants sont créatifs. Après avoir bien travaillé, ils écrivent des poèmes et les décorent à leur goût. Ils veulent lire leurs poèmes. Nous convenons qu'ils présenteront leurs poèmes avec une musique. Ils se pratiquent et se préparent.

C'est maintenant le temps de présenter les poèmes. Je questionne les enfants:

«Aimes-tu ton poème? Pourquoi? Quel sentiment exprime ton poème? Penses-tu l'avoir réussi? Qu'as-tu découvert? Quelle démarche as-tu utilisée pour réussir?»

Les enfants sont fiers de leurs réalisations. Nous rassemblons les poèmes pour en faire un livre qui fera partie du coin de lecture. Ils veulent écrire d'autres poèmes. C'est une belle façon pour eux d'exploiter leurs nouvelles compétences. Je leur fournis l'occasion d'écrire d'autres poèmes qui sont affichés dans l'école et dans la classe. Peut-être ces poèmes seront-ils lus lors d'une soirée de poésie que nous pourrions organiser.

Lorsque j'évalue le travail de l'enfant à la fin de cette situation d'écriture poétique, je me pose les questions suivantes:

- Est-ce que l'enfant a manifesté de l'intérêt lors de la lecture des poèmes?
- Avait-il le goût d'écrire un poème?
- A-t-il bien utilisé les connaissances acquises en ce qui a trait à l'écriture d'un poème?
- A-t-il bien suivi notre démarche?
- Est-il habile à écrire des poèmes?
- A-t-il acquis plus de confiance en lui?

Je sais que mon intervention a permis à l'enfant de faire sa démarche d'apprentissage quand il est heureux et fier de lui-même.

* * *

Pour accompagner l'enfant qui apprend, je me suis donné une démarche pour m'aider à mieux intervenir. J'utilise cette démarche lorsque je présente à l'enfant une situation d'apprentissage ou encore pour le soutenir dans les projets qu'il vit en classe (projet de recherche, projet thématique, projet personnel, projet interdisciplinaire).

Ma démarche d'intervention

Je me prépare à intervenir.

JE PENSE...
- Quelle est mon intention? Quel est mon but?
- Que vont apprendre les enfants?
  — Pour développer quelles habiletés et quelles attitudes?
  — Pour apprendre quelles connaissances?
  — Pour utiliser quelles démarches, quelles stratégies?

JE CHERCHE...
- Quels sont les moyens que je vais utiliser pour faire participer les enfants?
- Quelle serait la mise en situation la mieux adaptée?
- De quoi auront-ils besoin pour réaliser leur projet?

J'AGIS...
- Je choisis mon scénario d'apprentissage.
- Je me prépare.
- Je me documente.
- Je trouve les outils susceptibles d'aider les enfants: démarches, stratégies, procédés.
- J'aménage un petit centre de ressources pour enrichir les projets des enfants.

J'engage les enfants dans leur démarche d'apprentissage.

- J'interagis avec l'enfant. Je suis un guide.
- Je tiens compte de son expérience.
- Je l'accompagne dans sa démarche de compréhension.
- Je lui permets de porter un jugement sur ce qu'il sait et sur ce qu'il lui reste à apprendre.
- Je favorise l'intégration des apprentissages à son expérience.

Pour aider l'enfant à être attentif à ce qui se passe en lui quand il apprend, j'utilise avec lui le tableau suivant.

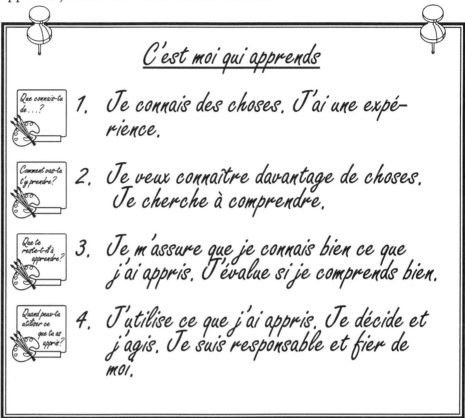

C'est moi qui apprends

Que connais-tu de…?

1. Je connais des choses. J'ai une expérience.

Comment vas-tu t'y prendre?

2. Je veux connaître davantage de choses. Je cherche à comprendre.

Que te reste-t-il à apprendre?

3. Je m'assure que je connais bien ce que j'ai appris. J'évalue si je comprends bien.

Quand peux-tu utiliser ce que tu as appris?

4. J'utilise ce que j'ai appris. Je décide et j'agis. Je suis responsable et fier de moi.

Où suis-je rendue à la fin du printemps?

Je fais le point. J'ai réfléchi à l'acte d'apprendre et mon rôle d'enseignante a évolué: je suis attentive et prête à intervenir pour faciliter l'intégration des apprentissages chez l'enfant. Je raffine de plus en plus mes questions d'objectivation et je permets ainsi à l'enfant de s'approprier sa propre démarche d'apprentissage. Je réalise de plus en plus que l'enfant doit reconstruire pour lui-même ce que je lui enseigne. Pour cela, il a besoin de temps pour comprendre, juger et intégrer ses nouveaux apprentissages.

Je poursuis ma démarche de croissance en étant cohérente avec mes interrogations. L'intervention demeure au cœur de mes préoccupations pédagogiques. Je poursuis mes observations de l'acte d'apprendre. Je raffine mon intervention en vivant le projet d'intégration avec les enfants. (*Voir la page 149.*)

Pour réfléchir à ma manière d'apprendre

À la lumière de ce que je vis, j'analyse une situation d'apprentissage et j'en dégage certaines caractéristiques.

Qu'est-ce qui me motive à faire cet apprentissage?

_____

_____

_____

Qu'est-ce que je fais pour m'engager dans cet apprentissage?

_____

_____

_____

Quels sont les moyens que j'utilise pour apprendre?

_____

_____

Est-ce que j'ai besoin d'aide pour apprendre?

_____

_____

Est-ce que je peux évaluer ce que j'apprends?

_____

_____

Qu'est-ce que je fais pour bien maîtriser ce que j'ai appris?

_____

_____

Qu'est-ce que j'ai appris?

_____

_____

Qu'est-ce que cet apprentissage change en moi?

_____

_____

Comment vais-je utiliser cette nouvelle habileté?

_____

_____

_____

Outil de croissance pédagogique n° 5

Pour mieux comprendre l'enfant qui apprend

Qu'est-ce qui motive cet enfant à apprendre?

_____

_____

_____

Que fait-il pour s'engager dans cet apprentissage?

_____

_____

Quels sont les moyens qu'il utilise pour apprendre?

_____

_____

Est-ce qu'il a besoin d'aide pour apprendre?

_____

_____

_____

Est-ce qu'il peut évaluer ce qu'il apprend?

_____

_____

Que fait-il pour bien maîtriser ce qu'il a appris?

_____

_____

Qu'est-ce qu'il a appris?

_____

_____

Qu'est-ce que cet apprentissage change en lui?

_____

_____

Comment va-t-il utiliser ses nouvelles connaissances et ses nouvelles habiletés?

_____

_____

_____

_____

Pour réfléchir à ma façon d'intervenir dans la démarche d'apprentissage de l'enfant

Je raconte une situation d'apprentissage et j'analyse ma façon d'intervenir durant la démarche d'apprentissage de l'enfant.

_____
_____
_____
_____
_____
_____
_____

Sur quoi suis-je intervenue?

_____
_____

Pourquoi suis-je intervenue?

_____
_____
_____

Comment suis-je intervenue?

_____
_____
_____

Ma façon d'intervenir a-t-elle soulevé en moi un questionnement? Quel est-il?

_____
_____
_____

Quelles satisfactions m'a apportées mon intervention?

_____
_____

Qu'est-ce que mon intervention a permis à l'enfant d'apprendre?

_____

Le printemps

Le printemps c'est le temps
Que les bourgeons se développent

Le printemps c'est le temps
Que les fleurs sortent

Le printemps c'est le temps
Que les oiseaux reviennent
Des pays chauds

Le printemps c'est le temps
Que le soleil
Nous réchauffe

Vive le printemps!

Auteur: Jonanthan Duhamel

Le printemps de Lucie

Un temps pour mieux intervenir avec l'enfant
qui apprend

Je sais ce qui m'intéresse... Je veux vivre un projet avec
les enfants. J'aime savoir que j'aide chaque enfant à
construire ses connaissances.

J'interviens avec l'enfant qui apprend au sein du projet d'intégration

Durant le vécu du projet thématique «Moi, mon corps», j'ai permis aux enfants d'être eux-mêmes, de faire des essais, de se tromper, de se reprendre et je leur ai laissé le temps d'aller jusqu'au bout de leurs expérimentations. J'ai eu confiance dans la créativité des enfants. Je les ai soutenus et je suis intervenue pour les relancer.

Les enfants ont donc expérimenté, essayé et ils ont été stimulés par le travail en équipe. Ils ont pris conscience qu'ils pouvaient apprendre ensemble, se donner des idées, s'encourager, réaliser une production. Ils étaient fiers de leurs manières de présenter leur travail. Ils acceptaient les commentaires des autres enfants lors d'une présentation et ils étaient capables de s'autoévaluer.

Ces habiletés et ces attitudes seront de plus en plus stimulées, développées et renforcées par le projet d'intégration que je vais vivre avec eux. Je m'inspire des phases du projet d'intégration, conceptualisées et élaborées par Pierre Angers et Colette Bouchard[10]. Je les adapte à mon vécu, à mes élèves et à ma façon de faire.

Le projet d'intégration «Autour de moi, il y a...» prendra beaucoup de place dans le vécu de la classe. Élaboré à partir du programme de sciences humaines, il englobera beaucoup de disciplines: français, mathématiques (résolution de problèmes, mesure, géométrie), sciences de la nature, formation personnelle et sociale, arts plastiques, art dramatique, musique et danse.

Il y aura encore des périodes de travail collectif pour approfondir différentes notions que je jugerai insuffisamment intégrées dans le vécu des projets personnels. Des examens collectifs seront aussi utilisés à la fin de chaque étape. Ils viendront s'ajouter aux évaluations formatives faites conjointement avec un enfant ou avec une équipe, lors de la réalisation de leur projet personnel.

La démarche d'intervention que je veux développer davantage a pour but de motiver l'enfant, de le questionner, de le relancer sans cesse afin de l'amener à construire ses connaissances, favorisant ainsi un apprentissage authentique. Je trouve important d'y associer l'enfant en lui faisant prendre conscience des apprentissages réalisés durant son projet personnel et en évaluant avec lui le chemin parcouru.

---

10. Pierre ANGERS et Colette BOUCHARD. *La mise en œuvre du projet d'intégration*, Montréal, Bellarmin, coll. «L'activité éducative – Une théorie, une pratique», 1984.

C'est le départ de notre projet: nous vivons une mise en situation

Plusieurs enfants habitent près de l'école et m'invitent souvent à aller voir leur maison. Je fais part à la classe de mon désir de connaître l'endroit où demeurent les amis qui viennent à l'école à pied. Sur quelle rue demeurent-ils? Comment est leur maison?

Tous sont intéressés à m'accompagner. Nous planifions une promenade autour de l'école un après-midi. Je demande aux enfants de bien observer tout ce qui entoure l'école et d'utiliser leurs cinq sens. Nous regarderons autour de nous. Nous écouterons les sons et les bruits. Nous sentirons les odeurs. Nous toucherons, nous goûterons... peut-être!

J'accorderai une attention particulière aux objectifs suivants du programme de sciences humaines:

- l'observation des éléments physiques et humains autour de l'école;
- leur situation par rapport aux quatre points cardinaux;
- la reconnaissance des différents éléments humains comme les endroits communautaires, commerciaux, résidentiels et récréatifs.

Notre promenade se fait dans la gaieté. Les enfants n'ont pas assez de leurs yeux pour tout voir et je n'ai pas assez d'oreilles pour tout écouter. Nous nous arrêtons souvent et, par des questions, j'incite les enfants à observer les différents éléments que je juge opportuns pour l'acquisition de nouvelles connaissances.

Les enfants sont heureux de nous montrer leur maison. Nous comparons les ressemblances et les différences, les divers matériaux, etc. Les parents, aux fenêtres, nous saluent. Nous rencontrons le curé de la paroisse qui prend le temps de faire connaissance avec les enfants. Comme c'est enrichissant une visite dans le quartier! Notre carte d'exploration sera bien garnie.

Nous construisons la carte d'exploration

Le lendemain, j'installe au tableau un grand papier blanc et je demande aux enfants de se rappeler leur promenade autour de l'école. J'inscris tous les mots qu'ils me disent. Je les aide en posant les questions suivantes:

- Qu'est-ce que tu as vu?
- Qu'est-ce que tu as entendu?
- Qu'est-ce que tu as senti?
- Qu'est-ce que tu as touché?
- As-tu rencontré des personnes?
- As-tu vu des animaux?

Chaque enfant se sent engagé, puisqu'il était présent. Il se rappelle sa promenade et les mots qu'il dit sont écrits sous ses yeux. Il y a interaction: un enfant se rappelle qu'il a vu un petit chien brun, un autre dit qu'il a beaucoup jappé après nous, un autre se rappelle du Colisée où il va patiner et un autre dit qu'en face, il y a l'animalerie. Je sens leur complicité. Ils cherchent beaucoup et ne veulent rien oublier. La première feuille se remplit rapidement. Le lendemain, j'en ajoute une deuxième. Ils se sentent importants: nous connaissons des mots, nous savons des choses! Leur contentement est stimulant pour moi… et pour eux! Je leur permets de découvrir au plus profond d'eux-mêmes leurs besoins et leurs questionnements. Leurs yeux pétillent et leur esprit est en éveil!

Voici la liste des mots qui se retrouvent sur notre carte d'exploration «Autour de l'école».

CARTE D'EXPLORATION

l'église Saint-Maxime	école Saint-Viateur	Réjean Massé Sports	le soleil	le prêtre
l'église Saint-Pierre	un stationnement	le rouleau compresseur	le trottoir	une exposition de cadeaux
des oiseaux	école Maria-Goretti	Animalerie Aladin	les lumières	des escaliers
des arbres	école polyvalente	les pins	Marie	Sonnez et entrez
41, Alfred	Colisée Cardin	le facteur	l'odeur des cônes de pin	des plantes
Métro	grand-mère	la Boutique du Son	des tuques	des arbustes
Miracle Mart	bruit	des personnes	des feuilles	le clocher
Harvey's	camion	des bancs	jeux Nintendo	les cloches
la neige	ciment	les frites	des cassettes	des rideaux
McDonald's	cornet	Jésus	une sonnette	la maison des prêtres
209, Hôtel-Dieu	le cordonnier	des téléviseurs	des cages	le père Aurèle
cône	les sapins	des cassettes vidéo	des serpents	la rue Victoria
215, rue Guévremont	un cousin	Primus	une tortue	une prière
les aiguilles de pin	des chats	Optimus	des bouleaux	la clôture
ruelle Deguise	des bottes	des balcons	À vendre	le Centre Saint-Maxime
dépanneur	des manteaux	des fleurs	une motocyclette	du gazon
Nettoyeur Michon	Poulet Kentucky	une femme qui lavait ses vitres	les fourmis	la pancarte
hôpital Hôtel-Dieu	des maisons		des coccinelles	l'asphalte
crème glacée	une affiche Parents-Secours	des chandelles	des cailloux	Canadian Tire
la mosaïque		des poissons	les vitres en couleurs	le gravier
la pancarte jaune	la boîte aux lettres	des portes	la croix	les numéros
un petit garçon qui court après son chien	immeuble d'habitation	des perroquets	l'eau bénite	les bruits
	des autos	le livreur	la rue Provost	l'eau
ballon noir	les lignes jaunes	des sacs d'épicerie	un nid	la boue
le garage Texaco	une pépine	tante Ginette	les nuages	les pancartes
le garage Gulf	le bâtiment ancien	la terre	un avion	le sable
tante Réjeanne	Bell Canada	des confettis	l'écran	Coca-Cola
Provi-Soir	le drapeau du Québec	la pancarte bleue	l'odeur des pins	les magasins
Dunkin' Donuts	Aux habits Sorel	des écoliers	le jubé	
Garderie des Marguerites	le barbier	la rue Adélaïde	des fils électriques	
	M. Patapouf	la rue Albert	les dessins dans les vitres	

Nous regroupons les éléments pour former des ensembles

Après quelques jours, la carte d'exploration étant terminée, je demande aux enfants s'ils voient des liens entre les différents mots qui y sont inscrits et s'ils pourraient former des regroupements, en mettant les mots en relation les uns avec les autres. Je leur demande de m'expliquer la raison des associations qu'ils font.

Nous trouvons différents titres qui pourraient nous aider à faire des regroupements:

- les animaux
- les personnes
- les rues
- le ciel
- les maisons
- les moyens de transport
- la terre
- les restaurants
- les vêtements
- les commerces
- les écoles
- les arbres
- les sons
- la religion

Chaque équipe choisit un titre et un crayon-feutre de couleur différente. Les enfants entourent les mots qui formeront des ensembles en utilisant une couleur par ensemble. Le travail est ardu et fait appel à la logique, à l'habileté à classer et à l'esprit de synthèse des enfants. Ils découvrent des liens entre les mots, établissent des rapports logiques et regroupent les mots. (*Voir le premier regroupement à la page 136.*)

Lorsque chaque équipe présente son ensemble, c'est le temps des questions, des comparaisons, des accords, des désaccords, des hypothèses, des discussions. Après discussion, il y a encore des regroupements et nous retenons des ensembles. (*Voir le deuxième regroupement à la page 137.*)

Les intérêts se précisent. Des enfants cherchent déjà à en savoir davantage sur un sujet en particulier. (*Voir le troisième regroupement à la page 137.*)

PREMIER REGROUPEMENT DES ÉLÉMENTS DE NOTRE CARTE D'EXPLORATION

LES ANIMAUX
chat
chien
oiseau
poisson
perroquet
serpent
tortue
fourmi
coccinelle
cage
Animalerie Aladin

LE CIEL
pluie
soleil
nuages

LES PERSONNES
tante Réjeanne
tante Ginette
cousin
livreur de sacs d'épicerie
prêtre
père Aurèle
écolier
garçon
facteur
grand-mère
cordonnier
barbier
femme qui lavait ses vitres

LES RUES
noms: Alfred, Hôtel-Dieu,
    Guévremont, Adélaïde, Albert,
    Provost, Victoria, ruelle Deguise.
lumières
trottoir
pancarte
lignes jaunes
poteaux
fil
affiche Parents-Secours
boîte aux lettres

LA TERRE
eau
cailloux
roche
asphalte
gazon
neige
gravier
boue
sable
ciment

LES BÂTIMENTS
immeuble d'habitation
bâtiment ancien
Centre Saint-Maxime
balcon
À vendre
numéro
sonnette
escalier
porte
Garderie des Marguerites
balcon

LES VÊTEMENTS
tuque
mitaine
manteau
botte

LES SONS
bruit
auto
rouleau compresseur
klaxon
musique
pépine

LES RESTAURANTS
McDonald's
Harvey's
Poulet Kentucky
Dunkin' Donuts
M. Patapouf

LES MOYENS DE TRANSPORT
auto
avion
camion
motocyclette

LA RELIGION
église Saint-Maxime
église Saint-Pierre
jubé
prêtre
écran
père Aurèle
croix
vitres en couleurs
Jésus
mosaïque
clocher
cloches
l'eau bénite
chandelles

LES COMMERCES
Canadian Tire
Métro
Miracle Mart
garage Texaco
garage Gulf
Nettoyeur Michon
Provi-Soir
dépanneur
Réjean Massé Sports
magasins de cassettes vidéo, de
    téléviseurs
Boutique du son

LES ARBRES
bouleau
cône
sapin
aiguilles de pin
arbuste
nid
feuille
plante
fleurs

LES ÉCOLES
Maria-Goretti
Saint-Viateur
polyvalente

DEUXIÈME REGROUPEMENT

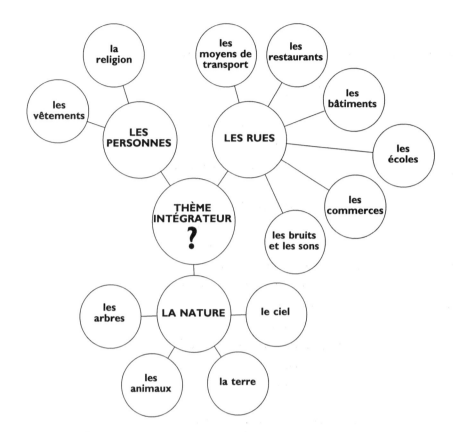

TROISIÈME REGROUPEMENT

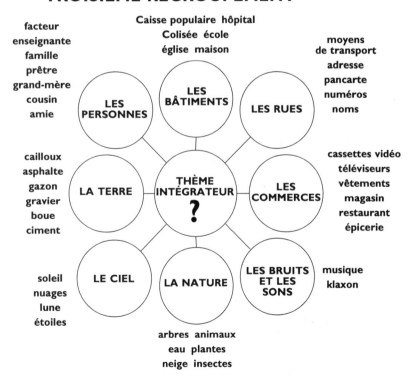

facteur
enseignante
famille
prêtre
grand-mère
cousin
amie

Caisse populaire hôpital
Colisée école
église maison

moyens
de transport
adresse
pancarte
numéros
noms

cailloux
asphalte
gazon
gravier
boue
ciment

cassettes vidéo
téléviseurs
vêtements
magasin
restaurant
épicerie

soleil
nuages
lune
étoiles

musique
klaxon

arbres animaux
eau plantes
neige insectes

Nous cherchons le thème intégrateur

Nous cherchons ensemble le thème intégrateur de notre projet. Ce thème doit être assez vaste pour permettre aux enfants de s'y référer toute l'année. Il doit être ouvert pour que les enfants puissent y revenir, s'en inspirer et repartir sur une piste nouvelle. Les enfants cherchent et donnent des titres. Je les écris au tableau. Puis nous vérifions si chaque suggestion contient tous les ensembles qui lui sont reliés. Est-ce que ce sera «La nature», «Les animaux», «Près de moi»? Est-ce qu'on conservera «Autour de l'école» comme thème intégrateur?

Les enfants discutent, s'interrogent, essaient, recommencent. Ils trouvent cela difficile et viennent près d'abandonner. Je leur donne du temps pour réfléchir. On y reviendra le lendemain. Quelques enfants continuent d'y penser et me donnent d'autres suggestions que j'écris au tableau: «Autour de moi, il y a...», «Avec moi, il y a...».

Le lendemain, les enfants apportent toutes sortes d'objets de la maison: coquillages, revues, cailloux, affiches, cartes d'animaux, photos, encyclopédies. Notre environnement s'enrichit. Nous retournons à la carte d'exploration, nous relisons les ensembles et nous nous entendons sur le thème qui soutiendra notre projet toute l'année «Autour de moi, il y a ...». Je l'inscris au centre de la figure qui servira de référence au montage dans l'espace de la structure symbolique du projet.

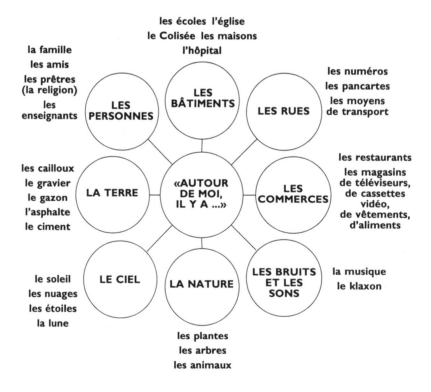

Je demande alors aux enfants: «Parmi tous ces regroupements, lequel vous intéresse particulièrement?»

J'inscris leurs intérêts:

- les animaux
- les insectes
- les fleurs
- les personnes
- la nature
- les moyens de transport
- le ciel

Puis, je leur demande: «Que veux-tu savoir sur le sujet qui t'intéresse?»

J'écoute leurs réponses.

«Moi, c'est le cachalot que je voudrais connaître plus.
— Moi, c'est la baleine. Elle m'impressionne.
— Moi, c'est l'ocelot. Il a une belle fourrure.
— Moi, c'est la tortue. Combien de temps peut-elle vivre?
— Moi, c'est la comète de Halley, car j'en entends parler à la télévision.
— Moi, c'est le serpent. Est-il dangereux?
— Moi, ce sont les canetons, parce que je les trouve très beaux.
— Moi, c'est Toutânkhamon. J'ai vu l'exposition de Ramsès et je voudrais le connaître.
— Moi, c'est le soleil. Pourquoi il ne fait pas toujours chaud?
— Moi, c'est l'étoile de mer et les calmars. Que font-ils dans la mer?
— Moi, ce sont les papillons. J'aimerais savoir comment ils sont faits.»

J'ajoute ensuite: «Peux-tu formuler tes questions? Je vais les écrire.»
Les questions fusent.

1. Qu'est-ce que les dinosaures mangent?
2. Qu'est-ce que les baleines mangent?
3. Qu'est-ce que c'est, une comète?
4. Quand les canetons apprennent-ils à voler?
5. À quel âge les poulains commencent-ils à marcher?
6. Qu'est-ce que ça mange, des tortues?
7. Combien faut-il de mois avant qu'un poulain vienne au monde?
8. Comment c'est fait, une comète?
9. Comment marchent les canetons?
10. Comment est fait le ventre de la tortue?
11. Comment est fait le soleil?
12. Comment est fait l'intérieur d'un serpent?
13. Le bébé chien est-il plus petit que le bébé chat?
14. Comment ça mange, une étoile de mer?
15. L'étoile de mer est-elle collante?
16. Que fait le serpent dans sa vie?
17. Comment est fait l'intérieur d'une dent de chien?
18. Comment mange le cachalot?
19. Pourquoi l'étoile de mer est creuse en dessous et qu'elle a des petits cheveux?
20. Quelle est la grosseur d'un bébé baleine?
21. Avec quoi la baleine se défend-elle?
22. Comment respire la baleine?
23. Comment est fait l'intérieur d'un dinosaure?
24. Comment est fait le corps du papillon?
25. De quelle couleur est le vent?
26. Combien de temps la maman éléphant porte-t-elle son bébé dans son ventre?
27. Comment le serpent vient-il au monde?
28. Comment les étoiles sont-elles faites?
29. Comment se fait le vent?

Curieux, les enfants se posent des questions et émettent leurs propres hypothèses. Des réponses s'amorcent. Les enfants sont prêts à aller plus loin dans notre projet.

Nous vérifions les ressources de notre environnement

Je demande aux enfants où nous pouvons trouver des réponses à nos questions. La première idée des enfants est de chercher dans des livres. Je présente aux enfants différents livres que nous avons dans la classe et ils commencent leurs recherches. Ils regardent les images, essaient de lire, me posent des questions, s'entraident et indiquent par un signet l'endroit où ils ont fait une découverte importante au sujet d'une question personnelle ou collective. Des enfants éprouvent un tel contentement à trouver un «pourquoi» ou un «comment» qu'ils se promènent en serrant les livres contre eux et ne veulent plus les laisser. Enfin, ils ont trouvé ce qu'ils désiraient savoir.

Toute une demi-journée se passe en observation, en lecture et en recherche. Je questionne les enfants sur leurs découvertes, ce qui les aide à préciser leurs intérêts. Est-il subit? passager? important? Prend-il sa source à l'intérieur de l'enfant? Pourra-t-il devenir le projet de l'enfant? L'enfant est-il engagé personnellement?

Les livres n'étant pas la seule source d'information que les enfants peuvent utiliser à l'intérieur de leur projet, je leur demande: «Pouvons-nous trouver des réponses à nos questions ailleurs que dans les livres?» J'inscris leurs réponses:

«On peut chercher dans des dictionnaires.
— On peut écouter des émissions de télévision comme *Le Marché aux images*.
— On peut apprendre en lisant des pancartes, des cartes à collectionner, des affiches.
— Il y a beaucoup de renseignements dans un journal.
— On peut lire des revues comme *Les Débrouillards, Zip, Hibou, Coulicou*.
— On peut écouter les nouvelles, la radio.
— On peut apporter des photos, des cartes.
— On peut téléphoner ou écrire à des personnes.
— On peut faire des visites à l'animalerie.
— On peut demander à nos parents, à nos grands-parents, à nos grands frères, à nos grandes sœurs, à nos amis.»

L'enfant prend ainsi conscience qu'il peut apprendre partout où il se trouve, s'il se donne la peine de s'ouvrir aux autres et à ce qui l'entoure.

J'accompagne les enfants dans le choix et l'élaboration des projets personnels

Les enfants doivent choisir le sujet qu'ils veulent explorer. Ils en font part à toute la classe et ils peuvent se regrouper en équipe lorsqu'il y a sujet commun. Mais il est possible à un enfant de travailler seul s'il le désire. Les projets personnels sont inscrits dans le projet collectif. Chaque équipe a besoin d'un coin de travail assez grand pour installer les pupitres ou les tables de travail, en plus d'une étagère pour ranger les documents, placer les objets liés au projet personnel et exposer les constructions, et d'un espace sur un mur ou un tableau pour afficher ses questions et ses réalisations.

Les enfants examinent tous les coins et les recoins de la classe. Une équipe de quatre enfants a besoin d'un plus grand espace qu'une équipe de deux. La classe est partagée entre les équipes. Chacune décrit ses demandes. Ensemble, nous essayons de satisfaire tous les besoins. C'est parfois difficile, mais les enfants apprennent à partager et à accepter des contraintes. On ne peut pas tout avoir: il faut vivre et s'organiser avec le local que l'on a.

Chaque équipe aménage son coin et place, sur les tables, sur l'étagère ou dans les pupitres, les documents, les livres et les objets utiles pour son projet. Puis chacune d'elles prépare une pancarte qui sera suspendue au-dessus de son coin pour annoncer le sujet qu'elle a choisi. (*Voir l'illustration «Aménagement de la classe», à la page 142.*)

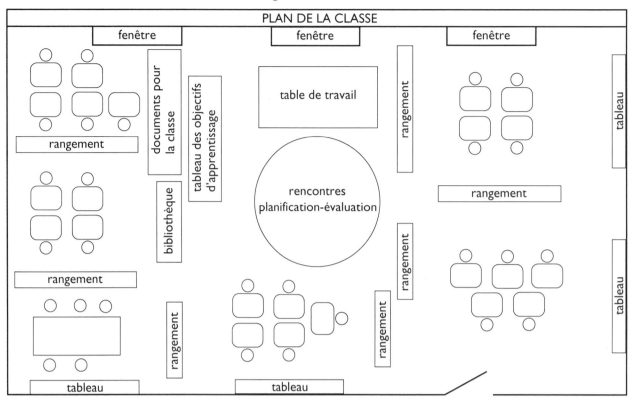

L'équipe qui a terminé l'aménagement de son coin de travail s'affaire par la suite au montage dans l'espace de la structure symbolique du projet collectif. Le groupe pourra ainsi visualiser le développement des projets au fur et à mesure qu'ils se dérouleront.

À l'aide de cercles en polystyrène, les enfants forment un mobile pour représenter «Autour de moi, il y a...». Chaque équipe peut ainsi accrocher au mobile le titre de son projet personnel. Au fur et à mesure du déroulement des projets personnels durant l'année, les enfants prennent conscience du lien significatif entre leurs projets et le projet collectif.

C'est maintenant le moment de formuler leurs questions. Les enfants réfléchissent: «Qu'est-ce que je veux apprendre sur le sujet que j'ai choisi?» Ils discutent et échangent en équipe, puis chaque enfant écrit ses questions. Je rencontre chaque équipe et les enfants me font part de leurs questions. Parfois, ils m'expliquent la pertinence d'une question. J'en vérifie la formulation avec eux. Puis ils les écrivent en couleurs et en grosses lettres pour les afficher dans leur coin.

Voici des exemples de questionnaires réalisés par les enfants.

Équipe: Les fleurs

1. *Comment les fleurs respirent-elles?*
2. *Est-ce que les fleurs mangent?*
3. *Que font les fleurs l'hiver?*
4. *Quels sont les noms des fleurs?*
5. *Comment les fleurs font des petits bébés fleurs?*
6. *Comment prendre soin des fleurs?*
7. *Pourquoi les fleurs sentent bon?*

Nancy, Martine, Véronique, Mélanie

Équipe: Le cheval

1. *Qu'est-ce que le cheval mange?*
2. *Combien de temps le bébé poulain reste-t-il dans le ventre de sa mère?*
3. *À quel âge le poulain marche-t-il?*
4. *Combien de temps le poulain tête-t-il sa mère?*
5. *Quelles sont les races de chevaux?*
6. *Un cheval peut-il courir plus vite qu'une automobile?*

Richard, Hugo, Caroline

Équipe: Les papillons

1. *Le papillon a-t-il peur de nous?*
2. *Que fait le papillon l'hiver?*
3. *Comment le papillon vient-il au monde?*
4. *Comment est fait le corps du papillon?*
5. *Que mange le papillon?*

Martin, Clotilde, Sébastien

Équipe: Les oiseaux

1. *Pourquoi les oiseaux ont-ils des ailes?*
2. *Quels sont les noms de tous les oiseaux du monde?*
3. *Comment les oiseaux font-ils l'amour?*
4. *Comment les œufs se font-ils dans le ventre de la maman?*
5. *Comment sont faites les plumes des oiseaux?*

Hélène et Yannick

Ce travail terminé, les équipes font le tour de chaque coin de travail, se visitent, examinent l'aménagement des autres et se lisent leurs questions. L'évaluation nous fait prendre conscience de la grande diversité du projet collectif. Et les enfants sont heureux d'avoir fait beaucoup d'efforts, de se sentir valorisés et de savoir qu'ils vont apprendre un grand nombre de nouvelles connaissances grâce au travail de chaque équipe.

C'est l'étape suivante qui s'amorce: la planification des projets. Il faut imaginer, concevoir et élaborer dans le temps les étapes que l'on prévoit franchir pour la réalisation de son projet. Chaque équipe prépare son plan de travail et en élabore les étapes de réalisation, en y inscrivant aussi la façon dont elle prévoit présenter ses découvertes aux autres. Ces étapes de planification feront sûrement l'objet d'un réajustement continu par les enfants eux-mêmes; elles constituent l'apprentissage d'une discipline de travail que les enfants développent tout au long du projet.

Le journal de bord devient le témoin de la planification et de l'évaluation quotidienne de la démarche de l'équipe. Toutes les activités planifiées quotidiennement y sont inscrites. Je peux ainsi suivre l'évolution de chaque enfant et me rendre compte des apprentissages qu'il a réalisés. Voici quelques exemples de planification.

L'équipe de Marie-Claude a choisi comme sujet les roches.

Mercredi 15 mai

- Opérations.
- Je travaille dans mon projet.
- Je finis mes questions.
- Je peinture des cailloux.
- Je fais un mime: les cailloux laissés par les vagues de la mer.
- J'enregistre des bruits.
- Je fais un dessin de la mer.
- Je fais une expérience à l'aide d'une loupe.
- Je fais une présentation.

Jeudi 16 mai

- Éducation physique.
- Opérations.
- Sciences de la nature
- Je travaille dans mon projet.
- Je cherche quelles sortes de roches on a au Québec.
- J'ai fait beaucoup d'efforts dans ma journée.

Mercredi 22 mai

- Je travaille dans mon projet.
- Je finis ma pancarte sur les pierres précieuses.
- Je fais une présentation.
- Je montre mon exposition de cailloux.

Jeudi 23 mai

- Éducation physique.
- Rince-bouche, 10 h.
- Je travaille dans mon projet.
- Je fais une pièce de théâtre sur les diamants.
- Je fais un bricolage pour la pièce.
- Je pratique.
- Je [fais une présentation].
- Je fais un acétate.
- J'ai appris que le magma était fait de roches en fusion.

jeudi 23 mai
Éducation physique
Rince-bouche 10:00
Je travaille dans
mon projet
Je fais une pièce de
théâtre sur les diamants.
Je fais un bricolage
pour la pièce.
Je pratique
Je présente
Je fais une acétate
J'ai appris que le
magma était fait de
roche en fusion.

Le projet de l'équipe de Martin porte sur les insectes.

Jour 5, mercredi 30 avril

- Catéchèse, 12 h 45.
- Éducation physique, 14 h 15.
- Je travaille dans mon projet.
- Je cherche: Est-ce que les insectes vivent en hiver?
- J'ai trouvé où vivent les araignées et je fais mon déguisement pour un sketch et je pratique.

Jour 1, jeudi 1er mai

- Je travaille dans mon projet.
- Je finis mon déguisement et nos choses sur les araignées.
- Je pratique.

Jour 4, jeudi 5 juin

- Sciences de la nature, 9 h.
- Test de mathématiques.
- Je lis sur la fourmi.
- Je travaille dans mon projet.
- Je pratique et je présente «Est-ce que la fourmi vit en hiver?»

Jour 1, lundi 9 juin

- Test d'écriture.
- *La Belle et el Clochard*, 14 h 15.
- Je travaille dans mon projet.
- Je pratique et je présente «Quel est le plus fort des insectes?»

Jour 3, mercredi 11 juin

- Je travaille dans mon projet «Qu'est-ce que le bourdon mange?»
- Diaporama, 12 h 45.

Le projet de l'équipe de Mélanie a pour sujet les fleurs.

Jour 1, jeudi 24 avril

- Je travaille dans mon projet.
- Je finis le bricolage sur les fleurs et je le présente.
- Je plante des graines de fleurs.
- Jeux éducatifs, 14 h 15.

Jour 1 jeudi 24 avril
Je Travaille dans mon projet
Je finis le bricolage sur
les fleurs
et Je présente
et Je plante des graines de
fleurs
Jeux éducatifs 14:15

Jour 3, lundi 28 avril

- Travail à la maison.
- Je lis *Quelle promenade.*
- Je corrige ma vérification.
- Je travaille dans mon projet.
- Je cherche comment les fleurs font des petits bébés fleurs et j'écris un texte sur les fleurs.

Jour 4, mardi 29 avril

- Sciences de la nature, 9 h.
- Manipulations mathématiques, 10 h.
- Je travaille dans mon projet.
- J'écris des questions et les corrige et je les mets en couleur.
- Je cherche la question que je veux pour travailler.

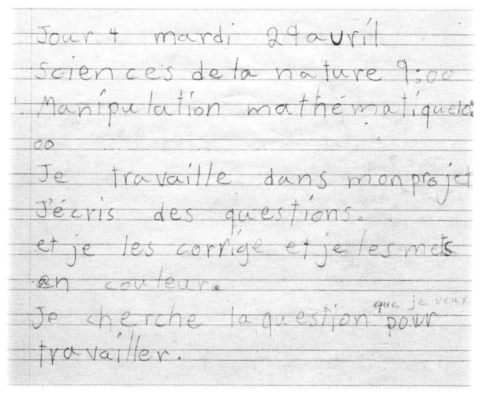

Jour 3, mercredi 28 mai

- Catéchèse.
- *Pomme d'api,* 13 h.
- Je travaille dans mon projet.
- Je cherche ce que font les fleurs l'hiver.
- Je fais des bouquets de fleurs.

Jour 4, jeudi 29 mai

- Sciences de la nature, 9 h.
- Je fais un travail à l'aide de *Pomme d'api.*
- Je travaille dans mon projet.

Après-midi

- Je fais un bouquet de fleurs pour le sketch «Que font les fleurs l'hiver?»

Où sommes-nous rendus à la fin du printemps?

Je fais le point. Nous avons mis en marche un projet d'intégration. La carte d'exploration a élargi l'horizon des enfants, leur a permis de se questionner et a éveillé leur goût d'apprendre. De plus, les enfants ont choisi leur projet personnel selon leurs intérêts, ils se sont regroupés en équipes et ont transformé l'aménagement de la classe. Ils ont également formulé leurs questions et se sont engagés dans leur recherche. Ils se sentent capables de faire des choses et ils sont fiers de leurs réalisations. Ils ont hâte de poursuivre le développement de leurs connaissances, de leurs habiletés et de leurs attitudes.

Et moi, je suis fière que ma démarche d'intervention ait pu guider les enfants sur le chemin de la connaissance grâce au vécu de notre projet d'intégration. J'ai créé avec les enfants un aménagement riche et stimulant. Je les ai guidés dans leur démarche de compréhension. Mes questions d'objectivation leur ont permis d'aller plus loin, de juger de ce qu'ils savaient et de ce qu'il leur restait à apprendre. J'ai favorisé l'intégration des apprentissages à l'expérience des enfants; leurs présentations en témoignent. (*Voir la page 149.*)

Où suis-je rendue à la fin du printemps?

1. Qu'est-ce que j'ai modifié dans ma pratique éducative?

_____
_____
_____
_____
_____
_____
_____

2. Quels sont les changements que j'observe chez moi?

_____
_____
_____
_____
_____
_____
_____

chez les enfants?

_____
_____
_____
_____
_____
_____

3. Quelles seront mes prochaines actions dans ma démarche de croissance pédagogique?

_____
_____
_____
_____
_____
_____

Drôle d'école

Vous poursuivez votre cheminement. Vous vous regardez vivre dans votre classe. Quelles sont vos questions en cette saison de l'ÉTÉ?

Quelle place est-ce que j'accorde à l'évaluation dans ma classe?

Faut-il que j'évalue tout ce que je vis avec les enfants?

Est-ce que l'enfant peut s'évaluer?

Comment associer l'enfant à ma démarche évaluative?

Quelle importance dois-je accorder au bulletin?

Est-ce que le bulletin scolaire renseigne adéquatement les parents de l'enfant?

Est-ce que les enfants connaissent l'objet et les buts de leur évaluation?

Est-ce que ma façon d'évaluer motive l'enfant à apprendre?

Est-ce que les enfants de ma classe aiment s'évaluer?

Notre cheminement d'été

Notre démarche de croissance pédagogique se poursuit. L'enfant est devenu le centre de nos préoccupations. Nous avons le souci de lui permettre d'intégrer ses apprentissages à son expérience, pour un meilleur développement de toute sa personne. Nous sommes plus habiles à savoir comment les enfants apprennent ou peuvent apprendre dans les différentes situations d'apprentissage qu'ils vivent.

Pour poursuivre notre cheminement, nous ressentions le besoin de réfléchir davantage à la place que devait prendre l'évaluation dans la vie de notre classe. Une question nous préoccupait: Étions-nous cohérentes dans notre façon d'évaluer les apprentissages des enfants dans nos classes? Nous sentions bien que l'évaluation faite dans le bulletin de l'enfant devait refléter son cheminement, mais en même temps nous devions remplir un bulletin chiffré, provenant d'examens uniformes, qui ne traduisait pas toujours la réalité du développement de l'enfant. Nous n'arrivions pas encore à bien cerner le rôle de l'évaluation et la place qu'elle devait occuper dans le vécu de notre classe. Nous étions convaincues que l'enfant devait prendre le temps d'apprendre et, en même temps, nous avions tendance à bousculer ce rythme vers la fin des étapes pour remplir le bulletin. Nous trouvions aussi important que l'enfant participe à son évaluation, mais le bulletin remis aux parents ne laissait pas de place à l'autoévaluation de l'enfant. Nous étions à la recherche d'une façon respectueuse d'évaluer le cheminement de l'enfant. Nous voulions que l'évaluation soit encourageante et stimulante pour lui. Nous voulions qu'elle reflète sa progression et qu'elle le motive à poursuivre sa route.

C'est cette démarche réflexive que nous vous présentons pour l'été. Dans un premier temps, Louise présente notre questionnement sur notre façon d'évaluer. Lucie, pour sa part, raconte comment, à travers les projets des enfants et avec les enfants, elle a créé ses outils pour évaluer de façon juste et équitable le cheminement des enfants. C'est aussi le temps d'évaluer nos changements, depuis l'automne, et de prendre conscience du chemin que nous avons parcouru.

L'été de Louise

Un temps pour comprendre l'évaluation et prendre conscience de mes changements

Je dois savoir m'arrêter et regarder le chemin que j'ai parcouru si je veux avancer avec plus de confiance et décider de la direction future de mes actions.

Je me questionne sur l'évaluation des apprentissages dans ma classe

J'aime que les enfants soient intéressés et motivés. Je veux qu'ils posent des questions, cherchent, manipulent, consultent et se renseignent. Quand ils sont engagés dans leurs apprentissages, ils ont du plaisir à apprendre et à travailler. L'acte d'apprendre me fascine et je suis de plus en plus créative dans ma façon d'intervenir. Une question me préoccupe pourtant: l'évaluation!

Je me questionne...

- Quelle place est-ce que j'accorde à l'évaluation dans mon vécu d'enseignante?
- Faut-il que j'évalue tout ce que je vis avec les enfants?
- Est-ce que ma façon d'évaluer rend justice à l'enfant?
- Quelle attitude dois-je adopter à l'égard des examens obligatoires de la commission scolaire ?
- Est-ce que ma démarche évaluative respecte le processus d'apprentissage de l'enfant et le motive à se dépasser?

Pour m'aider à cerner ma réalité de pédagogue en ce qui a trait à l'évaluation, je réponds à mes questions dans mon journal de bord. (*Voir l'outil n°7.*)

Pour mieux cerner ma réalité de pédagogue en ce qui a trait à l'évaluation, je réfléchis.

Évaluer, pour moi, c'est quoi?

C'est m'arrêter et regarder le chemin parcouru avec les enfants. Ensemble, nous prenons conscience de ce que nous savons bien, très bien ou de ce que nous avons encore à travailler.

À qui doit servir l'évaluation?

L'évaluation sert d'abord à l'enfant; c'est lui qui apprend. Ensuite, elle me permet d'intervenir avec plus de cohérence auprès de l'enfant. Je réajuste mes stratégies si je réalise que l'enfant n'a pas bien compris et je lui donne les outils pour réussir.

Pourquoi est-ce que j'évalue les enfants?

Pour savoir où nous en sommes dans notre cheminement d'apprentissage et pour rectifier ma démarche d'intervention au besoin, c'est important de savoir où nous allons et de bien s'y rendre. C'est nécessaire d'évaluer. L'enfant aime savoir où il en est dans ses apprentissages.

Qu'est-ce qui me guide lorsque j'évalue l'enfant?

Je regarde l'enfant. J'observe sa démarche pour apprendre. J'utilise ses travaux pour vérifier où il est rendu dans sa compréhension. Lorsque je sens l'enfant prêt, j'évalue ses acquisitions à la fin du processus d'apprentissage lorsqu'il a eu le temps de consolider ses connaissances.

De quelles façons est-ce que j'amène l'enfant à s'engager dans l'évaluation de ses apprentissages?

Je renseigne l'enfant sur l'objet et les buts de son évaluation. Il participe à la démarche évaluative et il choisit avec moi les critères sur lesquels porte son évaluation. Il sait quand il est prêt. Je crois que nous avons à l'intérieur de nous-mêmes une démarche évaluative. Nous savons juger si nous avons bien compris, si nous avons acquis les connaissances nécessaires.

Comment est-ce que je m'y prends pour recueillir les renseignements nécessaires à l'évaluation?

Lorsque j'aide l'enfant à apprendre, tout ce qu'il fait m'aide à évaluer son cheminement. Ses travaux et ses présentations témoignent de ses apprentissages. Ce qui rend mon travail difficile, ce sont les évaluations fréquentes qui sont exigées pour le bulletin. Il me semble que l'enfant n'a pas le temps de consolider ses connaissances.

Comment est-ce que j'analyse les renseignements que j'ai recueillis?

C'est avec l'enfant que je fais le point sur son cheminement. Nous regardons ensemble le chemin parcouru. Nous observons ce qui est bien réussi et ce qui devra être encore travaillé; nous décidons des actions à entreprendre et nous nous fixons des buts à atteindre. Ce que je trouve difficile, c'est de transposer ce cheminement en notes dans le bulletin. L'interprétation normative ne témoigne pas du cheminement de l'enfant en classe.

Je réfléchis à l'évaluation

Pour mieux comprendre le rôle de l'évaluation dans l'apprentissage de l'enfant, je consulte les différents documents publiés par le M.É.Q. Je rencontre aussi des personnes-ressources en mesure et évaluation et des conseillers pédagogiques. Je regroupe des informations importantes qui me permettent de continuer ma démarche de réflexion[1].

L'évaluation formative

L'évaluation formative est une relation d'aide et de soutien à l'enfant. Elle est collée à sa réalité quotidienne. Elle est proche de l'action et son but est d'apporter une aide immédiate à l'enfant. Elle accompagne mon enseignement. Elle est pédagogique. Elle est intégrée au processus d'apprentissage de l'enfant. Elle renseigne l'enfant sur ce qu'il sait, sur ce qu'il comprend, sur sa démarche d'apprentissage, sur ses difficultés, sur ses stratégies et sur ce qu'il maîtrise. Elle est une partie intégrante de l'acte d'apprendre. Elle lui permet de se situer, de connaître ses difficultés et les résultats de ses démarches, de se poser des questions, de vérifier, de juger le chemin parcouru et de décider de son action.

L'évaluation formative est associée à mon intervention. Durant une situation d'apprentissage, elle me permet de vérifier si mon enseignement est bien compris ou si je dois approfondir certains éléments, d'ajuster mon enseignement pour certains enfants, de modifier mes stratégies, ma planification et mes attitudes pour permettre à l'enfant de réussir tant sur le plan cognitif (habiletés, connaissances) que sur le plan socio-affectif (attitudes et comportements). Cette forme d'évaluation est donc une partie intégrante des étapes de mon enseignement. Elle s'effectue tout au long des apprentissages de l'enfant et pendant toute l'année. Elle est *interactive:* elle se vit avec l'enfant. Elle ne peut être substituée à aucune autre forme d'évaluation. Je planifie mon évaluation en fonction de mon enseignement

---

1. Voir dans la bibliographie l'ouvrage de Renald Legendre ainsi que les documents du ministère de l'Éducation et du Conseil supérieur de l'Éducation en ce qui a trait à l'évaluation.

et du cheminement des enfants. Je conçois avec eux des situations d'évaluation signifiantes et motivantes pour eux. L'évaluation est un processus qui se définit comme un ensemble d'opérations liées à la démarche évaluative: intention, mesure, jugement, décision. Les enfants en connaissent l'objet et les buts. Le modèle de Scallon illustre ce concept.

Le modèle de Scallon

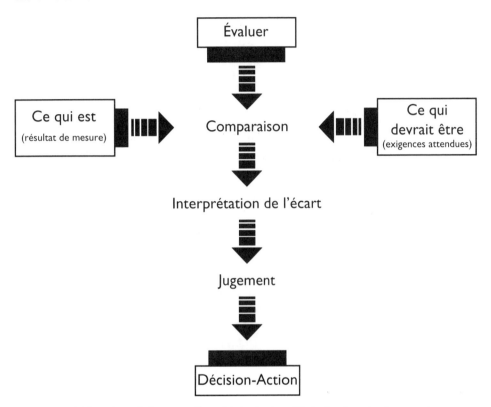

Source: Gérard SCALLON. «Qu'est-ce que l'acte d'évaluer?», dans *L'évaluation formative des apprentissages,* Québec, P.U.L., 1988, p. 5.

L'évaluation formative et l'enfant

Il me faut prendre conscience des valeurs que véhicule la démarche d'évaluation formative quand elle est présente dans mon enseignement. Quand j'amène l'enfant à s'engager dans sa démarche évaluative et que j'interagis avec lui, il apprend à faire les opérations de jugement qui font partie de son processus d'apprentissage; je lui fais confiance et je me fais confiance.

Je crois que l'enfant est responsable de sa croissance personnelle et qu'il y participe activement. Je lui permets de développer son autonomie afin qu'il assume ses choix et ses décisions. Je crois que l'enfant possède une capacité d'apprendre et de se dépasser. J'accepte qu'il progresse à son rythme et selon son style d'apprentissage. Je favorise son épanouissement en tant que personne responsable. Je lui permets de relever des défis à sa mesure. Ses chances de réussir le motivent. Ce processus est dynamique et interactif. Il amène l'enfant à devenir de plus en plus autonome et responsable dans ses apprentissages.

Dans les pages qui suivent, je présente des exemples de situations d'apprentissage qui m'ont aidée à comprendre le rôle de l'évaluation formative dans mon enseignement.

1. Évaluation formative avant un apprentissage

Objectif d'apprentissage

Mon premier exemple porte sur la compréhension de la division par manipulation et décomposition d'un nombre avec des élèves de 4e année. Je veux savoir comment ils construisent leur compréhension de la division.

Situation d'apprentissage

L'enfant doit résoudre des problèmes portant sur un partage de billes entre des amis.

Tâche

Voilà le problème à résoudre. À la récréation, Pierre avait 75 billes dans son sac et il les a partagées également avec 4 amis pour pouvoir jouer avec eux. Il était entendu que ses amis lui remettraient ses billes à la fin de la récréation. De combien de billes chacun disposait-il? Explique ta manière de trouver la réponse.

Cette tâche est réalisée collectivement par les enfants, soutenus par mon intervention. Les enfants disposent d'un matériel de manipulation pour représenter les unités et les dizaines, et d'une planche à calculer.

Observation

Je regarde manipuler les enfants, je les questionne. Je demande à Pierre-Olivier d'illustrer au tableau et d'expliquer sa manière de faire. Il a trouvé la réponse très rapidement. Il dessine une planche à calculer pour 7 dizaines et 5 unités. Il explique que dans les 7 dizaines, il voit 14 «cinq» et un autre «cinq» dans les unités; donc, rapidement, il a trouvé: $75 \div 5 = 15$.

Interprétation

Cette manière de faire me permet de constater que le développement de la pensée mathématique est différent d'un enfant à l'autre et que cet enfant a déjà construit sa compréhension de la division.

Jugement

Cet enfant est très habile à structurer sa pensée mathématique pour effectuer l'opération de la division et je dois lui apporter des situations enrichissantes pendant que les autres continuent d'essayer de comprendre le concept de la division.

Décision

Je dois aider l'enfant à poursuivre le développement de ses compétences mathématiques afin de l'amener à mathématiser sa compréhension et ainsi devenir capable de symboliser, de représenter par écrit sa compréhension de la division.

2. Évaluation formative qui accompagne une démarche d'apprentissage

Objectif d'apprentissage

Mon deuxième exemple porte sur l'accord de l'adjectif au féminin par l'ajout d'un «e» muet avec des élèves de 4e année.

Situation d'apprentissage déjà vécue

Utilisation de textes descriptifs écrits par les enfants dans le but de reconnaître un ami de la classe.

Tâche déjà réalisée

Recherche des adjectifs dans les différents textes: nous les encerclons, nous vérifions leur genre, nous expliquons pourquoi au féminin un adjectif demande l'ajout d'un «e» muet, nous soulignons ce «e» en vert.

Outil de stratégie présenté

Grammaire de référence (référentiel en communication écrite), aux Éditions L'Artichaut.

Je réalise cette tâche avec les enfants.

Observation

J'ai un but. Je veux vérifier l'acquisition de cet objectif de français déjà travaillé avec les enfants: l'accord de l'adjectif avec l'ajout d'un «e» muet au féminin dans le but de consolider ou d'enrichir leurs connaissances.

Démarche

J'écris au tableau les trois phrases suivantes:

• As-tu vu la robe bleue d'Andréanne?

• Marc-André a mis sa chemise rayée aujourd'hui.

• Simon a retrouvé sa jolie casquette dans la cour.

Tâche

Je demande aux enfants d'écrire ces trois phrases dans leur cahier.

Ensuite, ils doivent repérer les adjectifs au féminin et souligner en vert le «e» muet, s'il y a lieu.

Observation

J'observe les enfants dans leur travail et, à ma grande surprise, je constate qu'ils soulignent en vert:

le e de rob<u>e</u>

le e de bleu<u>e</u>

le e de joli<u>e</u>

le e de chemis<u>e</u>

le e de casquett<u>e</u>

le e de ray<u>ée</u>

Interprétation

L'utilisation de la couleur m'a permis de déceler un problème qui autrement serait passé inaperçu. Les enfants confondent nom et adjectif.

Jugement

Je leur pose des questions pour vérifier mon interprétation. Leurs réponses me confirment que la nature des mots «adjectif» et «nom» n'est pas comprise. De plus, je constate que les enfants ne font pas la différence entre le nom féminin et l'adjectif féminin.

Décision

Je dois travailler à développer chez les enfants la compréhension de la nature des mots dans une phrase.

Action

Je planifie et je prévois des situations d'apprentissage afin de permettre aux enfants de comprendre et de différencier le nom de l'adjectif. Nous accorderons une attention particulière à cet apprentissage dans les prochaines communications écrites.

L'évaluation sommative

L'évaluation sommative est utile, mais son intention est différente de l'évaluation formative. Elle a pour but de sanctionner la maîtrise d'un ensemble d'objectifs et de situer le rendement de l'enfant par rapport à ces objectifs, à la fin d'une série de tâches d'apprentissage. Elle est surtout administrative. Cette forme d'évaluation mesure les acquis de l'enfant à la fin d'une période d'apprentissage. Elle s'effectue aussi au terme d'une année scolaire afin de dresser le bilan des acquis de l'enfant et de décider de sa promotion et de son classement. Cette forme d'évaluation ne peut, à elle seule, faire foi de la réussite ou de l'échec d'un élève.

Donner un examen ne signifie pas que je sais évaluer. Accumuler des notes pour en faire une moyenne n'est pas non plus évaluer; c'est faire de la mesure. Mesurer constamment l'enfant qui apprend ne lui donne pas le temps d'apprendre. L'enfant finit par comprendre que ce sont les réponses qui priment. Il se dissocie de son processus d'apprentissage et développe de l'anxiété face à l'évaluation.

Prenons l'exemple du jeune qui veut apprendre à skier. Chaque fois qu'il descend une pente, j'évalue sa performance sous forme de notes, sans lui donner le temps de maîtriser son apprentissage et les leçons que je lui donne. À la fin des cours, je fais la somme des résultats et je calcule la moyenne des notes accumulées. Même si le skieur a progressé et acquis une certaine habileté, il est possible qu'il ne puisse pas recevoir son attestation de réussite. La moyenne des notes accumulées est un portrait inexact des apprentissages acquis depuis la première descente et ne rend aucunement justice au skieur.

Il en est de même pour l'enfant en difficulté à qui on attribue une note de 45 % en français dès la 1re étape, note qui servira sans doute à calculer sa moyenne des quatre étapes de l'année. Il est voué à l'échec dès le départ et sa motivation risque de disparaître rapidement. C'est ainsi que l'on contribue au décrochage scolaire. Faire des moyennes, c'est faire fi de la progression et du temps nécessaires pour apprendre.

L'évaluation sommative et l'enfant

Il me faut prendre conscience des conséquences pour l'enfant, quand l'évaluation sommative prend la place de l'évaluation formative dans mon enseignement.

Plus les examens sommatifs imposés sont fréquents, plus ils ont pour effet de rendre l'enfant dépendant des contenus notionnels à mémoriser. L'enfant conclut de l'évaluation sommative fréquente qu'il est à l'école pour être évalué et non pour apprendre. L'enfant qui a de la difficulté dans ses apprentissages se démotive et finit par ne plus s'engager. Celui qui réussit peut croire que c'est l'effet du hasard. L'enfant comprend qu'il n'a aucun pouvoir sur ce qu'il apprend et sur ce qu'il fait. C'est l'enseignante qui décide. Il perd souvent le goût d'apprendre et il ne peut pas relever de défis, ne connaissant que rarement les critères sur lesquels il va être évalué. Cette forme d'évaluation est extérieure à l'enfant.

Je fais le point sur ma démarche évaluative

Les observations de mon journal de bord m'éclairent sur ma démarche évaluative. Dans ma classe, l'évaluation demeure au service de l'apprentissage. L'enfant a sa place dans ce processus. Il apprend à être responsable quand il peut juger, avec mon aide, de ce qu'il sait, de ce qu'il a appris et de ce qu'il lui reste à apprendre, quand il peut le comprendre et quand il peut en prendre conscience. L'évaluation est au service de l'enfant: elle le motive, l'aide à se dépasser, lui permet de faire le point, d'apprendre et de comprendre. L'enfant engagé dans son apprentissage a conscience qu'il apprend et cherche les moyens pour se développer harmonieusement. Je ne dois plus me laisser distraire dans mon enseignement par des évaluations sommatives qui ne se greffent pas au cheminement de l'enfant.

Comment j'évalue les apprentissages des enfants dans ma classe

Ma façon d'évaluer porte sur la démarche d'apprentissage de l'enfant plutôt que sur les bonnes réponses aux examens. L'enfant peut s'observer, entrer en lui-même, percevoir ce qui est bon pour lui, juger de ses efforts et de son engagement; il sait reconnaître ses progrès et il est capable de se donner des défis. Il est aussi capable de participer à des décisions qui concernent son cheminement scolaire. Je lui accorde le temps nécessaire pour qu'il s'analyse et s'autoévalue à l'aide de différentes grilles. L'évaluation que fait l'enfant de son cheminement m'éclaire et me guide. Les questions que je pose à l'enfant avant un apprentissage, les observations des enfants en situations d'apprentissage, les grilles sur les habiletés et les attitudes que l'enfant remplit me servent à recueillir de l'information pour guider mes interventions et renseignent l'enfant sur ce qu'il apprend.

Lorsque je me centre sur la démarche de l'enfant, l'examen ne m'apprend rien de nouveau. L'enfant qui participe à sa démarche évaluative connaît son cheminement et s'engage à vouloir se dépasser. Il se compare à lui-même et il est fier de ses réussites. Il sait ce qu'il réussit bien et ce qu'il doit travailler. Il est capable de dire: «Je comprends très bien», «Je comprends un peu» ou «J'ai besoin de plus de temps». Je dois favoriser toutes les situations qui suscitent cette responsabilisation de l'enfant dans sa démarche d'apprentissage. (*Voir l'autoévaluation de Jonathan.*)

Dans ma classe, je permets aussi aux enfants de s'évaluer entre eux et de s'aider mutuellement. Il s'agit de spécifier au départ les points auxquels on veut accorder une attention particulière durant un apprentissage. Par l'objectivation, ils peuvent discuter de leurs progrès, de leurs stratégies et des moyens qu'ils vont mettre en place pour progresser. C'est une belle façon de développer des valeurs d'entraide et de coopération. La coévaluation d'une bande dessinée par les enfants en est un exemple. Les enfants doivent lire les bandes dessinées de leurs camarades et écrire leurs appréciations. L'enfant évalué par ses pairs doit alors prendre connaissance de leurs commentaires et y réagir en inscrivant ce qu'il devra améliorer la prochaine fois. (*Voir la «Coévaluation de la bande dessinée de Stéphane», à la page 165.*)

Autoévaluation du développement de Jonathan pendant la 2ᵉ étape

À la fin de chaque étape, les enfants prennent conscience de leur développement et décident des actions à poser pour la prochaine étape.

Légende: **A** = Très bien **B** = Bien **C** = Pas assez

Autonomie et responsabilité

1. Quand j'entre en classe, je m'organise rapidement pour être prêt à me mettre au travail. *B C*

2. Quand j'ai des problèmes, j'essaie de les régler moi-même; si je ne le peux pas, je cherche de l'aide. *B*

3. Mon pupitre est tenu en ordre, mon casier aussi. *A*

4. Quand j'ai fini un atelier, je pense à le remettre en ordre. *A*

5. Je prends mes responsabilités; je fais signer mes travaux. *A*

6. J'organise mon travail à la maison de façon à ce que tout soit fini le dernier jour de la semaine. *A*

Sociabilité

1. Quand une personne parle, je l'écoute. *B*

2. Si je veux parler, je lève ma main et j'attends mon tour. *B*

3. Je respecte les idées des autres, mais je dis mon opinion. *A*

4. Dans mon équipe, j'aide les autres au besoin et je dis mes bonnes idées. *A*

5. Je suis capable d'expliquer aux autres ce que je comprends. *B*

6. À la récréation, je m'entends bien avec les autres. *B*

Effort

1. Je me concentre sur mon travail, je pense, je réfléchis, je cherche. *B*

2. Je finis ce que je commence et je le remets à l'enseignante. *A*

3. Je présente des travaux propres et bien écrits. *B*

4. Je cherche à comprendre les explications. *A*

5. Je dis ce que je ne comprends pas lors de l'évaluation. *C*

Respect de l'environnement

1. Dans la classe, quand je vois des papiers par terre, je les mets à la poubelle. *A*

2. Je fais attention à mes livres et à mes cahiers; je les garde propres. *B*

3. Dans la cour de l'école, j'utilise les poubelles au besoin. *A*

Non-violence

1. J'essaie de régler mes problèmes en parlant et en discutant au lieu de donner des coups. *AC*

2. Je dis aux autres ce que je n'aime pas, ce qui me fait mal: paroles, moqueries, gestes. *B*

Trouve et écris ce que tu veux améliorer pendant la 3e étape.

Je vais dire ce que je ne comprends pas.

Écris ce que tu vas faire, les moyens que tu vas utiliser pour y arriver.

Lui dire plus souvent.

Signature de l'enfant: *Jonathan D.*

Signature de l'enseignante: *Louise Capra*

Signature des parents: *Natalie D.*

Évaluer équitablement les apprentissages des enfants, c'est aussi, pour moi, accepter de porter un jugement de façon professionnelle sur les apprentissages que l'enfant a réalisés, en tenant compte du chemin qu'il a parcouru. Porter un jugement, c'est aussi prendre des décisions qui auront des conséquences décisives sur le cheminement de l'enfant. Il est plus facile pour moi de faire des interprétations à partir de ce que l'enfant vit en classe et à partir des comportements que j'observe. J'ai besoin de tenir compte de l'ensemble de son cheminement scolaire. Le portfolio est le témoin de ce cheminement; il contient ses travaux, ses grilles d'autoévaluation, ses exercices de consolidation, ses démarches de travail, les résultats qu'il a obtenus à différentes évaluations formatives et son cahier de travail personnel.

Coévaluation de la bande dessinée de Stéphane

Dans ma démarche évaluative, je renseigne l'enfant sur les objectifs à atteindre, je l'informe et je décide avec lui de la façon dont ces objectifs seront étudiés. Il prend le temps d'apprendre et de comprendre, il connaît le seuil de réussite à atteindre et il sait sur quoi portera l'évaluation de ses apprentissages.

C'est un peu comme planifier un voyage. Ensemble, nous fixons le point de départ. Nous situons nos acquis pour savoir sur quoi nous allons travailler et quels objectifs d'apprentissage nous allons atteindre. Par la suite, nous planifions les étapes qui vont nous permettre de comprendre.

En cours de route, nous évaluons ce qui va et ce qui ne va pas, et nous nous réajustons au besoin. Il nous faut parfois revenir en arrière pour mieux comprendre et admirer certains paysages. Nous pouvons aussi décider de faire des temps d'arrêt pour mieux connaître des coins oubliés. Nous consolidons nos connaissances. Nous prenons le temps de partager ensemble nos découvertes. Chacun connaît la route à suivre et nous pouvons prendre le temps de bien intégrer ce que nous découvrons. Quand c'est le temps de faire le point, d'évaluer notre voyage selon l'itinéraire que nous avons choisi, nous vérifions ce que nous avons appris et compris, ce qui est et ce qui devrait être, et ce qui nous a enrichis durant ce voyage. Nous sommes imprégnés de cette beauté qui nous transforme et nous rend meilleurs. Nous décidons ensemble de poursuivre notre voyage vers d'autres découvertes.

L'évaluation formative qui accompagne l'enfant dans sa démarche d'apprentissage l'aide à s'engager dans ce qu'il entreprend. Il est prêt à courir des risques. Il en ressort grandi et plus autonome. Il dirige lui-même la construction de son savoir; il apprend et décide de sa trajectoire. Il devient alors responsable de ce qu'il apprend. (*Voir l'autoévaluation de Nancy.*)

Mon évaluation à la fin de l'année sert à prendre des décisions concernant le classement et la promotion de l'enfant. Elle s'appuie sur le cheminement qu'a parcouru l'enfant durant toute l'année. Le bulletin est pour moi un outil de communication parmi d'autres. Ce n'est pas lui qui conditionne ma pratique. J'aimerais toutefois que le bulletin soit vraiment le reflet du cheminement de l'enfant et de ma pratique pédagogique, qu'il ne soit pas synonyme de comparaison, qu'il soit le portrait des acquis de l'enfant et qu'il soit porteur de motivation.

Un bulletin davantage centré sur la démarche de l'enfant bouleverse les habitudes sociales et les valeurs de compétition que privilégie notre société. Changer des valeurs de compétition en des valeurs de partage et de coopération demande du temps. Un jour, nous aurons des échanges plus satisfaisants avec les parents, nous parlerons du cheminement de leur enfant, de ses progrès, de ses défis. Les enfants seront aussi heureux de cheminer et d'apprendre sans être comparés, sans être trompés. Ils seront eux-mêmes et fiers de l'être.

Je renseigne l'enfant sur son cheminement

J'aime rencontrer chaque enfant pour parler avec lui de ce qu'il vit en classe. Je l'écoute me parler de ses joies, de ses peines et de ses inquiétudes. Nous discutons de ses progrès et de ses réalisations. Nous faisons ressortir ses succès. Puis nous précisons les points sur lesquels il veut s'améliorer; c'est parfois sur le plan personnel ou sur le plan social, ou sur le plan de ses apprentissages. Il peut aussi me faire part de ses idées en ce qui concerne le fonctionnement de la classe. L'enfant aime ces rencontres; il s'y sent apprécié et valorisé. Elles l'aident à faire le point et à orienter ses actions futures.

J'aime aussi discuter en grand groupe avec les enfants. Ensemble, nous nous donnons des idées, des façons de faire. Nous faisons le point sur nos apprentissages. Nous l'indiquons dans notre carnet de route: «J'ai été

Autoévaluation du développement de Nancy durant sa 4e année

Nancy, enfant de 4e année en difficulté d'apprentissage, a pris conscience de ses difficultés. Elle a voulu les travailler, elle s'est engagée et elle s'est transformée.

J'évalue mes habiletés et mes attitudes dans l'organisation de mon travail.

Légende: **A** = Très bien **B** = Bien **C** = Pas assez

1. Est-ce que je réfléchis sur ce que j'ai à faire? *B*

2. Est-ce que je cherche une idée personnelle pour faire un travail? *A*

3. Est-ce que je prépare tout ce dont j'ai besoin avant de commencer un travail? *A*

4. Est-ce que je suis capable de me concentrer pendant un travail pour le terminer dans le temps demandé? *A*

5. Est-ce que je présente des travaux bien faits? *B*

6. Est-ce que je suis capable de me dire: «J'ai fait de mon mieux», «Je suis fière de moi» ou «Je pourrais faire mieux»? *A*

7. Est-ce que je suis responsable de mes livres, de mes cahiers et du matériel de la classe? *A*

8. Est-ce que je respecte les idées des autres? *B*

9. Est-ce que j'aide les amis à mieux apprendre en ne dérangeant pas pendant les cours? *A*

10. Est-ce que j'ai appris à régler mes problèmes sans violence? *A*

11. Trouves-tu que tu as fait de nombreux apprentissages en 4e année?

Oui! parce que je m'améliore dans mon comportement et dans mon ou mes travaux.

12. Es-tu content de toi?

Oui! beaucoup, parce que j'ai appris comment apprendre et comment me comporter.

Signature de l'enfant: *Nancy P.*

Signature de l'enseignante: *Louise Capra*

Signature des parents: *Johanne G.*

capable de le faire seul» ou «J'ai eu besoin d'aide» ou encore, «Je comprends bien», «Je comprends très bien» ou «Je ne comprends pas du tout». Les enfants continuent ainsi d'apprendre entre eux et j'apporte des explications supplémentaires au besoin. Les enfants présentent aussi leurs découvertes et partagent leur satisfaction d'avoir bien réussi un travail, d'avoir été persévérants. Ils sont heureux de raconter comment ils ont fait pour apprendre. C'est durant ces rencontres que nous faisons le point sur l'étape qui se termine et que nous nous préparons à vivre celle qui s'en vient.

Je renseigne les parents sur le cheminement de l'enfant

Lorsque je rencontre les parents pour les renseigner sur le cheminement de leur enfant, le portfolio qui contient tout ce qui a été travaillé en classe m'est très précieux. Les parents aiment savoir ce que leur enfant fait à l'école, ce qu'il apprend, comment il se comporte avec les autres et comment il se développe sur tous les plans. Les parents m'apportent une aide que j'apprécie beaucoup. Ils aiment accompagner leur enfant dans ce qu'il fait à l'école. C'est motivant pour l'enfant de savoir que ses parents sont attentifs à ce qu'il fait en classe. Le bulletin n'apporte pas cette richesse d'informations. Il est bien incomplet et il ne traduit pas à sa juste valeur le travail de l'enfant à l'école. L'enfant n'y est pas représenté. C'est souvent décevant pour l'enfant qui travaille avec persévérance de ne jamais réussir et d'être comparé. Pour que le bulletin soit vraiment le reflet de l'enfant, il faut que j'y ajoute l'évaluation que fait l'enfant de son cheminement et mes observations en ce qui concerne le développement de l'enfant. Je demande aussi aux parents d'observer le cheminement de leur enfant et de m'en faire part à l'aide d'un questionnaire. (*Voir l'«Évaluation avec les parents de Caroline du développement de leur enfant».*)

L'enfant apporte régulièrement ses travaux, ses productions et ses évaluations à la maison. Les parents peuvent donc suivre de près les progrès de leur enfant et lui apporter une aide immédiate ou un encouragement. Les parents assistent aussi aux présentations des enfants en classe. C'est une belle occasion pour eux d'échanger avec moi et de constater les apprentissages que fait leur enfant. J'apprends aussi aux enfants à parler de ce qu'ils apprennent dans leurs travaux et leurs projets. Ils expliquent à leurs parents ce qu'ils ont fait pour apprendre, comment ils ont procédé, les difficultés auxquelles ils ont été confrontés et ce qu'ils ont appris. Ils se responsabilisent face à leurs apprentissages et deviennent plus confiants. Les parents qui participent à la vie de la classe me fournissent une aide inestimable. Je sais alors que l'enfant sera encouragé, soutenu, félicité et motivé.

Je m'accorde aussi un temps pour évaluer ma démarche éducative

Je dois aussi prendre le temps de regarder et d'évaluer mon intervention éducative. Tout comme l'enfant, j'ai besoin de savoir si j'ai progressé, si je suis plus habile à intervenir, ce que je dois travailler, et je dois me donner les moyens pour m'améliorer.

Évaluation avec les parents de Caroline du développement de leur enfant

Déjà la fin de la 4ᵉ étape, votre enfant a certainement acquis depuis le début de l'année des habiletés que vous avez pu observer.

J'aimerais savoir

1. Est-il plus autonome et responsable?   *OUI*

2. Sait-il organiser son travail?   *OUI*

3. Est-il responsable de petits travaux à la maison?   *OUI*

4. Vous offre-t-il son aide pour certains travaux?   *OUI*

5. Prend-il des initiatives? Exemple: décider de faire un travail librement.   *OUI*

6. Pense-t-il à vous remettre les circulaires venant de l'école et à faire signer ses travaux?   *OUI*

7. Lit-il seul d'autres livres que son livre de lecture?   *OUI*

8. Accepte-t-il de travailler bénévolement?   *OUI*

9. Aime-t-il parler de ce qu'il fait à l'école?   *OUI*

10. Avez-vous observé d'autres changements chez votre enfant?   *OUI*

   Je la trouve beaucoup plus débrouillarde et aussi plus studieuse. C'est certain qu'il va falloir continuer à travailler sur son manque de concentration.

11. Que pensez-vous de ses résultats et de ses efforts scolaires?

   Je suis assez contente, car lorsqu'elle réussit moins bien, elle sait très bien où est son manque et elle a appris à travailler par elle-même.

12. Avez-vous des remarques sur le déroulement de l'année scolaire de votre enfant?

   Oui, une remarque. Je trouve que tu leur apprends beaucoup à s'occuper d'eux-mêmes et aussi qu'ils sont capables de bien réussir en travaillant.

Je vous remercie à l'avance de vos réponses. J'en profite aussi pour vous remercier de votre collaboration tout au long de cette année scolaire.

Louise Capra

Signature des parents: *Marie H.*

Je me questionne...

- Est-ce que j'ai permis à l'enfant d'éveiller sa curiosité?
- Est-ce que j'ai suscité son questionnement par mes mises en situation?
- Est-ce que l'enfant cherche à comprendre?
- Est-ce que mes questions d'objectivation lui ont permis d'aller plus loin dans sa compréhension?
- Est-ce que je lui ai laissé le temps de comprendre et de juger?
- Est-ce que l'enfant comprend bien la tâche à réaliser?
- Connaît-il les stratégies pour réussir ce problème?
- A-t-il besoin d'aide?
- Est-ce que mon intervention lui a permis de grandir, de se développer et d'être plus responsable?

Le maître qui questionne son intervention est un exemple pour l'enfant. Il se donne en modèle. Il apprend à l'enfant à devenir responsable des gestes qu'il pose et des décisions qu'il prend.

Où suis-je rendue à la fin de l'été?

L'évaluation est pour moi un processus inhérent à la démarche d'apprentissage de l'enfant. Elle est présente chaque jour dans toutes les situations que je vis avec les enfants. Je n'enseigne plus pour évaluer. J'évalue pour mieux enseigner et mieux intervenir. Mon évaluation pédagogique accompagne l'enfant dans sa démarche d'apprentissage: je le guide, je l'encourage et je le relance. Elle m'accompagne aussi dans ma démarche d'intervention avant, pendant et après un apprentissage. Je m'ajuste au cheminement de l'enfant. Je porte un jugement sur ce qu'il fait. Je favorise pour lui le développement de compétences à l'aide de différentes situations d'apprentissage.

Où suis-je rendue dans ma démarche de croissance personnelle?

Mon acte pédagogique s'est transformé au fil des saisons, et intervenir est pour moi directement lié à l'acte d'apprendre de l'enfant. C'est l'enfant qui me guide et remet en question mes interventions. C'est avec lui que je crée chaque jour et que je découvre la beauté et la richesse que m'apporte mon rôle d'intervenante dans l'acte d'apprendre; c'est avec lui que je me motive et que je me transforme. Je suis toujours en démarche de croissance. Je poursuis mon cheminement. (*Voir la page 189.*)

Pour mieux cerner ma réalité de pédagogue en ce qui a trait à l'évaluation, je réfléchis.

Évaluer, pour moi, c'est quoi?

_____

_____

_____

_____

À qui doit servir l'évaluation?

_____

_____

_____

_____

Pourquoi est-ce que j'évalue les enfants?

_____

_____

_____

_____

Qu'est-ce qui me guide lorsque j'évalue l'enfant?

_____

_____

_____

_____

De quelles façons est-ce que j'amène l'enfant à s'engager dans l'évaluation de ses apprentissages?

_____

_____

_____

Comment est-ce que je m'y prends pour recueillir les renseignements nécessaires à l'évaluation?

_____

_____

_____

Comment est-ce que j'analyse les renseignements que j'ai recueillis?

_____

_____

_____

MA FÊTE

JE LA FÊTE
TU LA FÊTES
IL LA FÊTE
NOUS LA FÊTONS
VOUS LA FÊTEZ
J'AIME MA FÊTE
C'EST SUPER!
SAVEZ-VOUS POURQUOI
JE FÊTE MA FÊTE À
TOUS LES JOURS?

Marie-Lyne

L'été de Lucie

Un temps pour évaluer les apprentissages avec les enfants et prendre conscience de nos changements

Comme je suis heureuse de travailler avec des enfants qui aiment apprendre et qui s'engagent dans leur projet! Je sais maintenant pourquoi j'aime ça être prof...

Nous évaluons les apprentissages

Vivre un projet d'intégration est une étape importante dans mon enseignement. Ces périodes de travail intense pendant lesquelles toute la personne de l'enfant est engagée m'apportent de très grandes joies. Elles ont développé en moi cette passion de l'enseignement qui me procure chaleur et énergie dès que j'entre dans ma classe. C'est un endroit où je me sens heureuse, où j'apprends tout le temps, où j'évolue et me transforme en même temps que les enfants.

L'évaluation formative est celle que je privilégie pour accompagner les enfants qui travaillent sur leur projet personnel. J'associe les enfants à ma démarche évaluative. Je leur demande de me dire ce qu'ils savent et de m'expliquer comment ils ont fait pour apprendre. Ils sont aussi capables de me dire: «Je comprends un peu» ou «J'ai encore besoin de temps pour mieux comprendre».

Je regarde les enfants en action et je me demande:

- Que sont-ils en train d'apprendre?
- Quelles habiletés développent-ils en ce moment?
- Quelles attitudes adoptent-ils en face d'une situation facile ou exigeante pour eux-mêmes ou dans leur rapport avec les autres?

Je les questionne et leurs réponses éclairent ma façon d'intervenir et m'orientent sur l'aide que je dois leur apporter.

- Ont-ils besoin d'explications pour comprendre une notion nouvelle?
- Ont-ils besoin de s'exercer davantage pour développer une habileté?
- Ont-ils besoin de soutien ou d'encouragement dans l'apprentissage d'une attitude?

J'essaie de m'adapter aux besoins de chaque enfant. Je dois faire en sorte qu'il utilise au maximum ses talents et ses possibilités pour un développement harmonieux de toute sa personne.

Nous trouvons ensemble différentes manières d'enrichir nos présentations

Les équipes, maintenant installées dans leur petit coin, découvrent chaque jour des connaissances nouvelles. Les enfants lisent beaucoup et trouvent des réponses à leurs questions. Ils viennent partager leurs découvertes avec moi et je les relance: «Comment allez-vous présenter les réponses à vos questions aux amis de la classe?»

Les présentations commencent par la lecture des réponses tirées de livres. Je leur demande alors: «Y aurait-il d'autres manières de présenter ton projet qui te feraient vivre ce que tu apprends et permettraient à tous les amis de mieux comprendre ce que tu as appris, une manière de présenter grâce à laquelle tu serais un acteur et pas seulement un lecteur?»

À la suite de ma réflexion avec Pierre Angers sur la manière d'apprendre, je suis convaincue que pour être bien comprise, une connaissance doit être construite. La construction d'une connaissance demande de la part des enfants:

- de la manipulation (l'enfant défait, remonte, essaie, se trompe, recommence);
- de la compréhension (l'enfant cherche, classifie, réfléchit, compare, analyse; il peut répondre à toutes les questions durant sa présentation);
- du jugement (l'enfant connaît davantage, il sait ce qu'il connaît, il me le dit);
- une décision et une action (l'enfant se sent engagé et veut davantage utiliser ses nouvelles compétences; il décide de ses actions futures).

J'installe un grand papier blanc et, avec les enfants, je m'apprête à faire une liste que j'intitule «Comment présenter mes réponses». En s'inspirant des techniques apprises et des activités réalisées depuis le début de l'année, les enfants me donnent leurs suggestions:

Comment présenter mes réponses

- dessiner
- lire
- jouer dans un sketch
- créer un théâtre de marionnettes
- jouer d'un instrument de musique
- composer un livre d'histoires
- concevoir une bande dessinée
- résoudre des problèmes mathématiques
- faire des constructions (en carton, en blocs Lego, en blocs de bois, en blocs de polystyrène, en pâte à modeler)
- danser
- se déguiser
- mimer
- bricoler
- manipuler des objets
- utiliser des unités de mesure
- se servir des acétates
- projeter des diapositives
- utiliser les cinq sens

Pour tenir à jour les différentes manières de présenter, utilisées par chacune des équipes, je présente aux enfants la grille des présentations. (*Voir la «Grille des présentations du projet», aux pages 176-177.*)

J'inscris le nom du projet de chacune des équipes et, au fur et à mesure qu'une technique est utilisée, je l'ajoute en haut de la grille. L'équipe indique par un «X» la technique qu'elle a utilisée. J'invite alors cette équipe, lors d'une prochaine présentation, à essayer ou à inventer une nouvelle façon de présenter ses apprentissages. Ainsi la grille des présentations se remplit et enrichit notre projet. Elle relance les enfants et stimule leur créativité.

Grille des présentations du projet...

Techniques / Équipes	Pièce de théâtre	Jeu	Devinettes	Dessin	Bande dessinée	Livre	Chanson
Animaux	XX					Texte informatif Texte amusant	
Bateaux				X			
Canada	XX	X	X	X	XX	Texte chanté	X
Ferme						Texte informatif	
Jésus	X	X					X
Ordinateurs				X			
Plantes							
Poissons		XX		X			
Serpents	XX			X		Texte informatif	
Univers		X		X			X
Ciel	X						

Techniques / Équipes	Mime	Bricolage	Comptine	Mesure	Exercice de mémoire	Solides	Acétates
Animaux				X			X
Bateaux		X					
Canada							
Ferme		X				X	
Jésus	X						
Ordinateurs		XX					
Plantes			X				
Poissons		X		XX			
Serpents							X
Univers	XXX	X	X				
Ciel	X						

Lecture	Questions	Sketch	Théâtre de marionnettes	Musique	Danse	Pâte à modeler	Journal
X	X					X	
X		X					
X			X				X
X		X	X				
X		X					
	X	X			X	X	
XX		X					X
		X	X				
X		X		Omni corde	X	X	X

Globe terrestre	Diagramme	Dégustation	Expériences	Exposition	Peinture	Pancarte	Autres
X	X					X	Carte du Québec
							Langue: anglais
							La dictée magique
		X	X		X		Déguisement
			XX	X	X		
					X	X	

Les enfants vivent leur projet et s'autoévaluent

Mon intervention enrichit les projets et fait prendre conscience aux enfants des apprentissages réalisés. Ils s'autoévaluent. Voici quatre exemples de travaux d'équipes, suivis d'un tableau d'autoévaluation.

Le projet sur les moyens de transport

Jean-François arrive à l'école avec deux livres sur les moyens de transport qu'il a choisis à la bibliothèque. Il apporte aussi son train électrique, avec la permission de son père. Il l'installe avec l'aide de son équipe. La locomotive ne fonctionne pas; il cherche, il essaie, il démonte, il découvre que l'essieu est coincé, mais il réussit à le réparer. Quelle exclamation monte de son équipe quand le train se met à fonctionner! Je l'appelle le mécanicien de l'équipe. Pourquoi ce nom? Jean-François m'explique le travail d'un mécanicien.

«Peux-tu me dire le métier de chacun de tes amis dans ton équipe?»

Ma question le surprend, il sourit, regarde ses amis et dit:

«Jonathan, c'est l'électricien, il met en marche et arrête le train, il est le spécialiste des fils. Regarde, Alexandre est en train de construire un tunnel pour faire passer le train, c'est un ingénieur, et Marc installe des bâtisses le long du trajet, c'est un architecte.»

Je le regarde, nous nous sourions; il y a de l'électricité dans l'air et nos yeux pétillent de complicité. Quel moment mémorable!

Le lendemain, Jean-François apporte, dans un gros sac d'épicerie, de la farine, un grand bol et une cuillère à mélanger. Il veut construire un long tunnel, comme celui qu'il a vu dans son livre, pour y faire passer le train. Il montre à ses amis comment faire du papier mâché. Toute l'équipe se met au travail et un long tunnel prend forme. Je leur demande:

«Quelle est la longueur de votre tunnel?»

Ils le mesurent. Je les interroge de nouveau:

«Combien de secondes prendra le train pour traverser le tunnel?»

Avec une montre, ils chronomètrent le trajet total du train, le temps qu'il prend à traverser le tunnel et inscrivent toutes leurs mesures de temps et de longueur pour les présenter à la classe.

La présentation se fait autour de la table de l'équipe. Les enfants observent la promenade du train. Ils adorent regarder le train se promener. Nous écoutons les explications du mécanicien, de l'ingénieur, de l'architecte et de l'électricien. Les enfants posent des questions. Les unités de mesure de longueur et de temps sont mieux comprises.

Après la présentation, je remets à l'équipe une fiche d'autoévaluation que chaque enfant remplit avec mon aide et qu'il ajoute à son cahier de bord afin de pouvoir vérifier les connaissances acquises, les habiletés et les attitudes développées.

Fiche d'autoévaluation de Jean-François

Activité	Connaissances	Habiletés	Attitudes
Je fais fonctionner un train électrique et je le fais circuler selon un trajet que j'ai organisé.	J'ai lu dans des livres sur les moyens de transport (français).	J'ai réussi à réparer l'essieu coincé.	Je suis fier de moi.
	J'ai construit un tunnel en papier mâché (arts plastiques).	J'ai été capable de le faire tenir solidement.	J'ai montré aux autres à faire du papier mâché.
	J'ai mesuré en centimètres.	Je me trompe un peu en mesurant.	Je me suis exercé à mesurer.
	J'ai chronométré en secondes.	Je peux lire l'heure.	Je suis content.
	J'ai discuté avec Lucie des métiers: mécanicien, électricien, ingénieur, architecte (sciences humaines).	Je suis capable d'expliquer les métiers que font les gens.	Je suis fier de mon équipe; on travaille bien ensemble.

Un projet personnel peut intéresser tellement l'enfant que ce dernier peut fournir des efforts exigeants pour construire ses apprentissages. C'est à moi, en tant qu'enseignante, d'être à l'affût, de connaître à fond les objectifs des différents programmes pour les présenter au moment opportun. Mon expérience de travail en ce qui touche les projets m'a fait comprendre que les enfants vont plus loin dans leurs apprentissages que ce que les objectifs minimaux des différents programmes exigent.

De plus, cette démarche particulière favorise le développement de nouvelles compétences. Les présentations par les différentes équipes me permettent d'intervenir pour vérifier la compréhension des connaissances. L'apport des autres enfants de la classe est aussi un élément important. Il permet d'aller plus loin, d'approfondir davantage le sujet choisi par l'enfant.

Le projet sur la tortue

Claude a découvert la tortue rayonnée et elle le passionne. Il veut savoir où elle vit. Vit-elle au Québec? Il cherche, lit, demande de l'aide et veut absolument trouver la réponse. Sur la carte de sa collection d'animaux, il découvre qu'elle vit à Madagascar. Où est-ce? Nous allons voir sur le globe terrestre. C'est une île. Qu'est-ce qu'une île? Marie-Élaine, qui écoutait, intervient:

«Je le sais moi. Pour aller sur une île, il faut un bateau ou un pont parce qu'il y a de l'eau tout le tour.»

Claude écoute, vérifie sur le globe et dit:

«C'est vrai, il y a de l'eau tout le tour. C'est comme dans les îles de Sainte-Anne-de-Sorel, quand je me promène en bateau avec mon oncle. Je vais demander à mon oncle de me prêter sa carte. Tu vas voir qu'il y a beaucoup d'îles.»

Le lendemain, Claude arrive à l'école avec une carte des îles de Sorel. Il lit le nom des îles qu'il connaît: La Commune, l'Île-de-Barques, l'Île-du-Moine, l'Île-de-Grâce, l'Île-à-la-Pierre. J'examine la légende avec son équipe. Je leur explique:

«Il y a dans ces îles des canards, des bécassines et des outardes. On y pêche la perchaude. Les troglodytes se réfugient dans cette région. Il y a deux phares sur l'Île-du-Moine. On voit beaucoup de pancartes annonçant la gibelotte.»

Dans l'équipe, certains connaissent déjà ce mets typique de la région.

Claude est très intéressé de faire connaître aux amis de la classe ce qu'il vient d'apprendre. Comment va-t-il le présenter? Il est plein de créativité. Il regarde la carte, il cherche... Je le laisse à sa réflexion avec son équipe pour aller travailler avec une autre équipe. Tout excité, il vient me chercher un peu plus tard et m'explique:

«On a décidé ce qu'on va faire pour notre présentation: Karine va dessiner quelques îles de Sorel avec le fleuve Saint-Laurent et le Chenal-du-Moine. Moi, je vais construire un bateau en blocs Lego. Dominic va bricoler les oiseaux (canards, outardes, troglodytes) et il va les placer comme sur la carte, avec une légende pour expliquer où il y en a. Valérie va s'occuper des poissons (perchaude, doré, truite). Elle va les dessiner et les placer entre les îles. Quand on va présenter, je vais conduire le bateau et les amis vont faire comme à bord du bateau *Le Survenant*: un ami va expliquer ce que l'on voit, les autres seront les visiteurs.»

Quel travail a assumé cette équipe! Il leur en a fallu du temps! Mais le résultat en valait la peine. Lors de leur présentation, les enfants écoutaient religieusement, d'autres ajoutaient des détails et des commentaires sur ces îles qu'ils avaient connues lors de promenades avec leurs parents. L'équipe a reçu des félicitations pour son travail et s'en est trouvée très stimulée. Tous ces apprentissages ont été faits à partir de la tortue rayonnée!

Pour les ramener à leur projet, je leur demande:

«Pensez-vous qu'il y a des tortues dans les îles de Sainte-Anne-de-Sorel?

— On ne le sait pas, mais on va s'informer.

— À qui?

— À mon oncle, je suis sûr qu'il le sait», répond Claude.

Et les voilà replacés au cœur de leur projet.

Après la présentation, Claude réfléchit à ce qu'il vient de vivre et remplit une fiche d'autoévaluation.

Fiche d'autoévaluation de Claude

Activité	Connaissances	Habiletés	Attitudes
Je présente une promenade dans les îles de Sorel aux amis de la classe.	J'ai consulté une carte des îles de Sorel. J'ai appris des noms d'îles, d'oiseaux, de poissons. J'ai appris à lire une légende. Je sais c'est quoi un phare. J'ai cherché sur le globe terrestre.	Je suis capable d'expliquer une légende. Je suis capable de trouver rapidement les îles que je connais sur la carte. Je suis capable de construire un beau bateau en Lego.	J'ai demandé à mon oncle de me prêter sa carte. J'en ai pris soin. Je l'ai prêté à mon équipe. J'ai été le chef pour organiser le travail.

Le projet sur les plantes

Chaque année, il y a, dans la classe, un petit coin de plantes. Aurélie désire en apprendre davantage sur les plantes et s'approprie le petit coin des plantes dont elle veut aussi prendre soin. Elle prépare ses questions et cherche les réponses.

«Comment faut-il s'occuper des plantes pour qu'elles grandissent en santé?»

Les livres sur ce sujet ne manquent pas. Elle lit beaucoup et un conseil attire son attention: Une plante a besoin d'amour pour être belle. Elle me demande:

«Qu'est-ce que cela veut dire?»

Je lui réponds que les plantes ont besoin qu'on les regarde, qu'on en prenne soin et qu'on leur parle même. Aurélie est très expressive; elle me regarde avec ses grands yeux souriants et me dit:

«Je vais leur dire que je les aime chaque jour et je vais leur parler.»

Elle est seule dans son équipe. Elle a un peu de difficulté à s'entendre avec les autres. Les plantes deviennent ses amies. Je l'entends jaser de ses petits malentendus avec les autres, des peines qu'elle a eues à la récréation. Elle se plaint des autres et raconte ses malaises tout en donnant de l'eau aux plantes et en les tournant vers le soleil. Je lui demande:

«Comment vas-tu présenter aux amis ce que tu as appris sur le soin à donner aux plantes?»

Elle cherche, elle hésite...

«Ils vont rire de moi.
— Pourquoi dis-tu cela?

— J'aimerais faire une danse. Je suis des cours de ballet et j'aimerais danser pour mes plantes.

— Quelle merveilleuse idée! Nous allons choisir une jolie musique douce et tu prépareras ta danse. Je suis sûre que les amis vont être surpris! Personne n'a encore utilisé ce mode de présentation. Tu seras la première!»

Toute stimulée, elle se met au travail. Elle appelle sa présentation «La danse du soleil»!

Recourbée sur elle-même, elle commence sa danse et s'étire lentement vers le soleil («comme une fleur qui s'ouvre», dira-t-elle ensuite), puis elle se dandine légèrement et va vers ses plantes à qui elle s'adresse: «Bonjour mes plantes, vous allez bien aujourd'hui? Attendez, je vais vous tourner vers le soleil pour ne pas que vous penchiez d'un seul côté!» Elle repart et exécute d'autres petits pas de danse avant de revenir prendre l'arrosoir et dire: «Je vous fais boire un peu d'eau! J'y ai mis un peu de vitamines pour que vous grandissiez.» Elle repose l'arrosoir et continue sa danse au son de la musique et revient encore une fois à ses plantes pour leur dire: «Avez-vous assez d'air! Je vais vous espacer un peu. Pas de grand vent ou de courant d'air, par exemple! Je vous aime beaucoup mes plantes.» Elle termine en se recroquevillant sur elle-même, comme au début.

Elle est applaudie par tous les élèves. Elle les a éblouis! Que de félicitations elle reçoit, elle ne peut plus en prendre! Ses mains se joignent de contentement et je la sens si heureuse, si heureuse...

Je demande aux enfants s'ils ont retenu les soins à donner aux plantes qu'Aurélie a présentés lors de sa danse. Ils arrivent à tous les retracer, mais demandent à Aurélie de s'exécuter une deuxième fois. Elle accepte avec joie et elle est écoutée dans une atmosphère d'amour, d'attachement et d'acceptation de sa personne. Sa confiance en elle-même est ragaillardie. L'amitié avec les autres devient maintenant possible; elle se sent acceptée, elle peut s'ouvrir aux autres.

C'est dans un moment comme celui-là que je réalise tous les apprentissages que font les enfants grâce au vécu du projet dans la classe. Les besoins intellectuels, émotifs, affectifs et sociaux se rejoignent dans un tout pour le bien-être et l'épanouissement de l'enfant.

Fiche d'autoévaluation d'Aurélie

Activité	Connaissances	Habiletés	Attitudes
Je danse en prenant soin des plantes.	J'ai lu beaucoup de livres sur les plantes. J'ai appris que les plantes avaient besoin d'air, d'eau, de terre, de lumière et d'amour.	Je suis capable de composer une danse et de l'exécuter en prenant soin des plantes.	J'étais gênée. J'avais peur qu'on rit de moi. J'ai été très contente quand les amis m'ont félicitée. Karine m'a demandé de venir travailler avec moi. Je vais dire oui.

Le projet sur la comète de Halley

Lors du passage de la comète de Halley, beaucoup de publicité et d'information ont été présentées pour expliquer ce phénomène. Yannick et Hélène sont très intéressés et veulent en apprendre davantage sur cette comète. Ils préparent leurs questions et se mettent à la recherche de renseignements pertinents sur le sujet. M'étant rendue au Planétarium, je leur rapporte quelques dépliants. Dans un journal, un grand encart publicitaire leur fournit beaucoup de dessins sur la façon dont se forme une comète, sur sa composition interne et sur la raison du nom de la comète Halley.

Ce qui les étonne, c'est qu'elle revient tous les 76 ans. Ils me demandent alors:

«Quand reviendra-t-elle?»

Je les invite à calculer. Ils ont huit ans; quel âge auront-ils? Quel âge aurais-je? Quel âge auront leurs parents? Ils font une liste de tous les enfants de la classe, puis leur demandent leur âge et les regroupent en fonction de leur âge. Ils leur disent que lors de leur présentation, ils apprendront quel âge ils auront lors du retour de la comète de Halley. Je complique un peu le problème en ajoutant sur la liste l'âge du directeur, de la secrétaire, de mes parents et ils se mettent à calculer. Ils doivent utiliser l'addition avec retenue. Ils doivent manipuler pour bien la comprendre. Ils adorent faire des additions et les exécutent de plus en plus rapidement. Ils deviennent habiles et se disent prêts à faire leur présentation.

Lors de leur présentation, ils expliquent comment ils ont trouvé l'âge des élèves.

$$76 + 7 =$$
$$76 + 8 =$$
$$76 + 9 =$$

Ils utilisent la droite numérique: tout va bien. Mais quand ils arrivent à l'âge des adultes (parents, directeur, secrétaire), ça se complique.

$$76 + 43 =$$
$$76 + 45 =$$
$$76 + 58 =$$
$$76 + 64 =$$

Les élèves qui n'ont pas encore manipulé l'addition avec retenue ne comprennent pas leur manière de faire et ils doivent alors démontrer leurs connaissances mathématiques en regroupant les unités, les dizaines et les centaines. Nous avons recours au matériel de manipulation et tout le monde cherche à comprendre. L'étape de la manipulation se prolonge, mais quand l'après-midi se termine, l'addition avec retenue est devenue plus facile pour plusieurs.

Les enfants s'expliquent, font des démonstrations, se posent des questions et cherchent à comprendre. Quel problème pertinent et intéressant! Je dis aux membres de l'équipe qu'ils sont de bons professeurs, et qu'ils m'ont aidée à bien faire comprendre une notion importante en mathématiques. Ils se sentent fiers et valorisés, mais leur compréhension de la notion y est aussi pour quelque chose.

J'adore ces situations d'apprentissage où la curiosité est si omniprésente qu'elle canalise toutes les énergies des enfants et les incite à comprendre et à apprendre réellement. Les enfants se sentent importants dans leurs apprentissages, ils travaillent fort et ils aiment découvrir ce qu'ils cherchent. Il en résulte un contentement de soi visible dans le pétillement de leurs yeux et une sensation intense de bonheur dans le cœur d'une enseignante passionnée par son travail.

Fiche d'autoévaluation de Yannick et Hélène

Activité	Connaissances	Habiletés	Attitudes
Nous faisons une présentation sur la comète de Halley.	Nous avons lu des dépliants, des articles de journaux, d'encyclopédies. Nous savons de quoi est faite la comète. Nous savons qu'elle revient tous les 76 ans. Nous apprenons l'addition avec retenue.	Nous sommes capables de reconnaître une comète dans l'espace. Nous calculons bien avec retenue. Nous sommes capables de l'expliquer aux amis.	Nous trouvons que nous ressemblons à deux astronomes qui étudient l'espace. Nous aimerions faire cela plus tard. Nous sommes fiers d'avoir aidé les amis à faire des additions.

C'est la fin de l'année: notre projet se termine par un travail collectif

Chaque projet personnel doit être lié au thème intégrateur. Chaque équipe enrichit le projet collectif par les informations nouvelles qu'elle y greffe. Elle devient une référence pour les autres équipes. Ainsi, chaque équipe revient au cœur du projet (le mobile collectif), l'enrichit et repart dans son questionnement. Le thème du projet étant très riche et très vaste, l'année s'achève avant qu'il ne soit épuisé.

Il pourrait se poursuivre une autre année encore si j'avais la chance de continuer avec le même groupe. Mais, pour le moment, il se termine en juin par une réalisation collective. Il pourrait s'agir d'un grand livre contenant les réalisations des équipes. Nous pourrions aussi organiser une visite des coins de travail pour les parents afin de leur expliquer nos projets. Nous pourrions même préparer une exposition des montages et des constructions, réalisés dans les projets, pour les élèves de l'école. Enfin, les enfants pourraient choisir d'enregistrer une présentation sur bande vidéo.

Le dernier mois de l'année scolaire est fébrile et passionnant. Pendant que, dans les autres classes, on se demande comment occuper les enfants en cette fin d'année, dans ma classe, nous manquons de temps pour terminer notre grande réalisation collective. La dernière semaine, les coins se dégarnissent et les enfants ont la mine triste de devoir vider la classe de tout ce qui leur tient à cœur. C'est comme une partie d'eux-mêmes. Ils se partagent les pancartes, les affiches, les dessins et les textes et me disent qu'ils vont continuer à la maison.

Le vécu d'un projet d'intégration crée des liens entre l'enseignante et l'enfant. Lorsque je revois mes élèves l'année suivante, ils me parlent de leurs projets. Ils se rappellent les présentations qu'ils avaient aimées et sont contents de partager leurs souvenirs avec moi.

Nous prenons conscience des changements qui se sont opérés en nous cette année

À la fin de l'été, je regarde les enfants et je les questionne sur leur cheminement. Des changements se sont opérés en eux. Ils en sont conscients et m'en font part. Mon intervention leur a permis de s'intérioriser pour chercher et trouver leurs intérêts. Ils ont pris conscience de leur responsabilité dans leur apprentissage; ils aiment s'engager dans la vie de la classe.

Les habiletés et les attitudes développées sont des acquis pour eux. Ils en sont fiers et me le disent:

«Je suis plus autonome. Je pense à ce que j'ai à faire.

— Je suis plus responsable. Je prends soin de mes choses et j'aime avoir des petites responsabilités.

— Je mets de l'ordre dans mes cahiers, dans mon pupitre.

— Je fais plus d'efforts.

— Je me concentre plus.

— Je travaille plus: je fais mes devoirs.

— Je me prends en main. Je décide qu'il faut travailler et je me mets à l'ouvrage.

— Je lis mieux. J'ai beaucoup lu cette année.

— J'organise mieux mon travail. Je sais comment faire.

— J'ai appris des démarches, des manières différentes de faire.

— Je veux réussir.

— Je discute avec les autres; nous échangeons nos idées.»

Je prends conscience des changements chez l'enfant. Sur le plan personnel, l'enfant est heureux à l'école et fier de lui-même.

On se sent bien, quand on a inventé quelque chose et qu'on se fait dire: «Ah! qu'il a de bonnes idées.»

Jonathan

J'étais le premier dans la classe à avoir eu l'idée de faire une présentation à l'aide de marionnettes à fils.

Yan

Au début de l'année, j'étais gênée de parler devant la classe. Je me suis beaucoup améliorée.

Karine

Lucie ne nous présente pas des modèles; elle veut qu'on découvre notre imagination, notre créativité.

Jean-François

J'ai découvert que j'étais un bon acteur; je joue bien mon rôle dans les sketches.

Denis

Je peux me tromper et recommencer. J'aime ça quand je réussis tout seul.

Steve

Avant, je ne savais pas faire des oiseaux, je demandais à mon père. Maintenant j'essaie, ils ne sont pas comme ceux de mon père, mais ce sont les miens.

Mélanie

Je constate que sur le plan intellectuel, l'enfant devient responsable de ses apprentissages scolaires en prenant conscience de ses acquisitions et de ses facultés intellectuelles.

J'ai travaillé dans l'équipe des chats parce que j'ai reçu un chat de ma voisine. Ça m'a impressionnée (intéressée). On avait des beaux livres; j'ai lu beaucoup.

Véronique

Ma saison préférée, c'est l'hiver. J'ai travaillé sur les ours polaires. Un ours polaire mesure plus haut que le plafond de la classe. J'étais surpris.

Martin

Je compose vite des histoires parce que j'ai hâte de les présenter en sketches.

Nathalie

J'ai travaillé beaucoup la mesure quand j'ai mesuré la combinaison de l'astronaute. Je l'ai dessinée sur un grand papier. Les amis l'ont essayée.

Frédéric

J'ai travaillé l'heure, les mois, les jours avec ma présentation sur la Lune qui tourne autour de la Terre et la Terre qui tourne autour du Soleil. C'était difficile, je cherchais; quand je l'ai mimée avec mon équipe, j'ai mieux compris.

Hélène

Nous avons aussi progressé sur le plan social. L'enfant a fait l'acquisition d'un savoir-vivre en groupe. Il a appris à partager et à développer le sens de la gratuité, de la coopération ainsi qu'un sentiment d'appartenance.

J'aime quand on se parle avant d'écrire notre plan. On se partage le travail.

Nicolas

On a beaucoup d'idées dans notre équipe, on a du plaisir, on est devenues de vraies amies.

Julie

On a chacun notre manière de faire. On respecte les idées des autres.

Luc

On se félicite, on s'encourage, on s'explique des choses qu'on ne comprend pas.

Éric

J'aime ça quand c'est mon tour d'être le chef, on m'écoute, parfois on se chicane, puis on se réconcilie, et on recommence. Ça travaille le caractère.

Martine

J'apporte des choses de la maison (mes livres, mes affiches), je les prête aux autres, je leur dis d'en prendre soin, de ne pas les perdre.

Yannick

On est heureux dans la classe, j'ai trouvé que c'était ma plus belle année.

Jean-Sébastien

Où suis-je rendue à la fin de l'été?

Quels changements se sont opérés en moi? J'analyse mon quotidien et j'évalue où j'en suis dans ma recherche de cohérence afin de vivre pleinement les valeurs que je privilégie.

Je sais maintenant qu'une vie de classe intéressante s'organise avec les enfants. Il n'y a plus de problèmes sans solutions quand on en discute ensemble. Je suis plus habile à intervenir en utilisant les idées des enfants. Planifier les activités avec les enfants, les expliquer et les évaluer fait partie de mon quotidien.

Je vis avec les enfants dans un climat d'acceptation. J'aime les enfants, je me sens bien avec eux; nous vivons des relations franches, sincères, accueillantes et chaleureuses. Je me fais confiance. Je suis calme; tout peut se régler et s'organiser.

Je prends le temps d'évaluer avec les enfants leurs différents comportements en rapport avec mes valeurs. Je fais confiance aux enfants. Je ne les juge pas, j'essaie de les comprendre. Je permets à chaque enfant de prendre le temps de comprendre ce qu'il apprend, c'est primordial. Je recherche différentes stratégies pour l'aider. Je le relance dans son questionnement et je l'accompagne dans sa compréhension.

J'ai une grande rigueur intellectuelle. On ne fait pas n'importe quoi, n'importe comment. Je leur montre des démarches de travail pour mieux réussir. J'analyse régulièrement ma manière de faire et je me réajuste au besoin. J'échange souvent avec Louise sur le vécu de ma classe. Nous sommes toutes les deux passionnées par la manière d'apprendre de l'enfant.

Je me sens bien dans ma classe, j'y suis très heureuse. Chaque année est différente: je suis créative, j'ai de nombreux défis à relever, j'ai le goût d'expérimenter, je suis toujours en train d'apprendre.

Cette manière d'être fait partie de ma vie tant personnelle que professionnelle. Cette recherche de cohérence m'accompagne dans tous les instants de ma vie et s'ajuste aux valeurs qui m'animent. Elle me permet de régler les problèmes quotidiens, de vivre intensément et à ma façon MA VIE. (*Voir la page 189.*)

1. Qu'est-ce que j'ai modifié dans ma pratique éducative?

_____
_____
_____
_____
_____
_____
_____

2. Quels sont les changements que j'observe chez moi?

_____
_____
_____
_____
_____
_____
_____

chez les enfants?

_____
_____
_____
_____
_____
_____
_____

3. Quelles seront mes prochaines actions dans ma démarche de croissance pédagogique?

_____
_____
_____
_____
_____
_____

Conclusion

Notre cheminement nous amène à croire que tout changement en éducation doit passer par la réflexion. Il faut prendre le temps de s'interroger sur sa pratique éducative. Il faut réfléchir aux valeurs, aux croyances et aux modèles sur lesquels elle s'appuie. Notre façon d'intervenir dans notre classe est le reflet de ce que nous sommes et des valeurs qui nous animent.

Nous pouvons maintenant dire aux enseignantes qu'il ne faut pas copier une pédagogie, mais créer la nôtre, la modifier au fil des jours, la transformer au rythme de son développement, au rythme des saisons de la vie, au rythme de l'esprit de chacun. Il est important de s'interroger sur le pourquoi de nos actions et d'être attentives à notre pratique de tous les jours avec les enfants. C'est être en démarche de croissance pédagogique que de vouloir nous approprier notre pédagogie, la reconnaître dans notre intervention, la vivre comme le reflet de ce que nous sommes.

Il serait faux de penser que tout s'acquiert facilement dans cette démarche. Nous croyons important de souligner qu'une démarche de croissance n'est jamais le fruit de simples exercices ou de méthodes. Au contraire, elle prend naissance dans le questionnement et elle s'articule lentement, avec l'engagement de l'enseignante à vouloir cheminer avec cohérence, à vouloir grandir et se transformer. Cela ne se fait que lentement, mais de façon irréversible.

Ces changements apportés dans notre pratique pédagogique ont influencé notre vie personnelle. Ces valeurs d'autonomie, de respect, d'harmonie et de partage, que nous véhiculons dans notre classe, se répercutent aussi dans nos vies, augmentent notre désir de grandir, nous engagent et nous transforment. Nous sommes en continuelle évolution, toujours à la recherche de cohérence, vers un nouveau pas à franchir, toujours heureuses de partager nos essais. Les problèmes ne nous effraient pas, car nous les abordons de façon positive et nous avons confiance en notre capacité de les résoudre. Nous sentons toujours ce besoin de refaire à notre manière ce que nous apprenons. C'est pourquoi il nous importe de vérifier à notre façon ce que d'autres affirment. Ce qui nous est dit, écrit, présenté, nous le vérifions, l'essayons, l'évaluons, l'adaptons et l'intégrons à notre expérience. Nous sommes créatrices et l'enfant est notre complice. C'est cette démarche que l'on trouve dans *La re-création du savoir* de Gérard Artaud. Elle permet à la personne qui apprend «de retrouver son pouvoir créateur dans l'acquisition de connaissances nouvelles. C'est en ce sens que son expérience devient un lieu de re-création du savoir[1].»

L'intervention demeure au cœur de nos préoccupations. Nous la construisons à partir de notre expérience avec les enfants. Pour nous, une question demeure et nous anime comme pédagogues: Comment intervenir pour faciliter l'intégration des apprentissages à l'expérience de l'enfant et à l'expérience de l'enseignante?

---

1. Gérard ARTAUD. *La re-création du savoir,* Ottawa, Éditions de l'Université d'Ottawa, 1985, page 25.

Nous croyons qu'accepter de remettre en question sa pratique éducative, c'est se découvrir et se transformer personnellement, c'est apprendre à être en relation harmonieuse avec son milieu, le monde qui nous entoure, c'est créer, s'actualiser, c'est avoir une vision globale de la personne, savoir que nous grandissons avec et parmi les autres, c'est aussi s'acheminer vers une spiritualité qui nous permet de vivre de façon harmonieuse avec nous-mêmes, avec les autres et avec notre environnement.

Le travail que nous effectuons en ateliers avec des enseignantes engagées dans une démarche de croissance pédagogique ainsi que l'évaluation continue de notre pratique pédagogique nous ont permis de dégager les grandes étapes de ce cheminement qui conduit à l'appropriation de sa pédagogie:

- Se faire confiance et faire confiance à l'enfant;
- Reconnaître en tant qu'intervenante les valeurs que nous voulons privilégier;
- Connaître les besoins des enfants;
- Comprendre ce qui se passe quand l'enfant apprend;
- Intervenir en tenant compte de la démarche d'apprentissage de l'enfant;
- Comprendre et utiliser les programmes comme des outils au service de l'apprentissage;
- Tenter des expériences et aménager la classe pour y vivre avec les enfants des activités ouvertes, des ateliers et des petits projets;
- Se donner des outils pour analyser: son intervention, l'organisation de la vie de la classe et les apprentissages que les enfants y font;
- Rechercher la cohérence entre *vouloir*, *faire* et *être*;
- Planifier et évaluer avec les enfants de façon continue;
- Accepter d'être en cheminement de croissance continue.

Cette expérience d'écriture nous a aussi fait mieux comprendre qu'apprendre demande du temps et qu'il faut vivre les étapes de cet apprentissage, au rythme des saisons de son propre cheminement. Tout comme l'arbre grandit au fil des saisons, il y aura encore pour nous des automnes, des hivers, des printemps et des étés pour nous permettre de nous développer. L'enfant sera aussi sur notre route pour s'épanouir au rythme de ses saisons. Lorsque Pierre Angers écrit: «On ne bouscule pas les saisons de l'esprit», nous ajoutons: «On en facilite l'éclosion dans l'harmonie des saisons du cœur, de l'esprit et de l'âme.»

Bibliographie

ANGERS, Pierre, BOUCHARD, Colette. *De l'expérience à l'intuition*, Montréal, Bellarmin, coll. «L'activité éducative – Une théorie, une pratique», 1985.

ANGERS, Pierre, BOUCHARD, Colette. *La mise en œuvre du projet d'intégration*, Montréal, Bellarmin, coll. «L'activité éducative – Une théorie, une pratique», 1984.

ANGERS, Pierre, BOUCHARD, Colette. *L'animation de la vie de la classe*, Montréal, Bellarmin, coll. «L'activité éducative – Une théorie, une pratique», 1993.

ANGERS, Pierre, BOUCHARD, Colette. *L'appropriation de soi*, Montréal, Bellarmin, coll. «L'activité éducative – Une théorie, une pratique», 1986.

ANGERS, Pierre, BOUCHARD, Colette. *Le développement de la personne*, Montréal, Bellarmin, coll. «L'activité éducative – Une théorie, une pratique», 1986.

ANGERS, Pierre, BOUCHARD, Colette. *Le jugement, les valeurs et l'action*, Montréal, Bellarmin, coll. «L'activité éducative – Une théorie, une pratique», 1990.

ANGERS, Pierre, BOUCHARD, Colette. *L'intuition dans l'apprentissage*, Montréal, Bellarmin, coll. «L'activité éducative – Une théorie, une pratique», 1985.

ARPIN, Lucie, CAPRA, Louise. «Le livre cet objet animé», *Innovations en éducation au Québec*, 1986, p. 60-68.

ARPIN, Lucie, CAPRA, Louise. «Une pratique éducative d'auto-développement», *Liaisons*, vol. 10, n° 2, 1986, p. 37-38.

ARTAUD, Gérard. *La re-création du savoir*, Ottawa, Éditions de l'Université d'Ottawa, 1985.

ARTAUD, Gérard. *L'intervention éducative*, Ottawa, Éditions de l'Université d'Ottawa, 1985.

BERTRAND, Yves, VALOIS, Paul. *Les options en éducation*, Québec, ministère de l'Éducation, Gouvernement du Québec, 1982.

CAPRA, Louise, DANIS, Pauline. *Quand un perfectionnement devient un ressourcement participatif*, Ottawa, Éditions de l'Université d'Ottawa, 1993.

CONSEIL SUPÉRIEUR DE L'ÉDUCATION. *Évaluer les apprentissages au primaire: un équilibre à trouver*, Québec, ministère de l'Éducation, 1992.

CONSEIL SUPÉRIEUR DE L'ÉDUCATION. *L'activité éducative*, extrait du rapport annuel 1969 – 1970, Québec, Éditeur officiel du Québec, 1977.

CONSEIL SUPÉRIEUR DE L'ÉDUCATION. *Une pédagogie pour demain à l'école primaire*, Québec, ministère de l'Éducation, 1991.

DELISLE, Roger, BÉGIN, Pierre. *L'interdisciplinarité au primaire: une voie d'avenir?*, Sherbrooke, Université de Sherbrooke, CRP, 1992.

FERGUSON, Marilyn. *Les enfants du Verseau*, Paris, Calmann-Lévy, 1981.

GATTEGNO, Caleb. *Ces enfants nos maîtres*, Neuchatel, Delachaux et Niestlé, 1972.

HUGES, M., MILLER, G. «Le schéma hiérarchique des processus mentaux», dans André PARÉ. *Créativité et pédagogie ouverte*, volume II, Laval, NHP, 1977, p. 187-192.

LEGENDRE, Renald. *Dictionnaire actuel de l'éducation*, Paris, ESKA, Montréal, Guérin, 1993.

MINISTÈRE DE L'ÉDUCATION DU QUÉBEC. *L'école québécoise, énoncé de politique et plan d'action*, Québec, Gouvernement du Québec, 1979.

MINISTÈRE DE L'ÉDUCATION DU QUÉBEC. *Politique générale d'évaluation pédagogique*, Québec, 1983.

MINISTÈRE DE L'ÉDUCATION DU QUÉBEC. *Programmes d'études primaires*, Québec, Gouvernement du Québec, 1981.

PAQUETTE, Claude. *Analyse de ses valeurs personnelles*, Montréal, Québec/Amérique, coll. «C.I.F. Auto-Développement», 1982.

PAQUETTE, Claude. *Intervenir avec cohérence*, Montréal, Québec/Amérique, 1985.

PAQUETTE, Claude. *Vers une pratique de la pédagogie ouverte*, Victoriaville, NHP, 1976.

ROGERS, Carl. *Le développement de la personne*, Paris, Dunod, coll. «Organisation et sciences humaines», 1976.

ROGERS, Carl. *Liberté pour apprendre*, Paris, Dunod, 1972.

SCALLON, Gérard. *L'évaluation formative des apprentissages*, tomes I et II, Québec, PUL, 1988.

TARDIF, Jacques. *Pour un enseignement stratégique*, Montréal, Logiques, 1992.